气候变化和粮食安全：风险与应对

联合国粮食及农业组织　编著

李　婷　刘武兵　郑　君　译

中国农业出版社

北　京

引用格式要求：

粮农组织和中国农业出版社。2019年。《气候变化和粮食安全：风险与应对》。中国北京。140页。许可：CC BY-NC-SA 3.0 IGO。

本出版物原版为英文，即Climate change and food security: risks and response，由联合国粮食及农业组织于2016年出版。此中文翻译由农业农村部农业贸易促进中心安排并对翻译的准确性及质量负全部责任。如有出入，应以英文原版为准。

ISBN 978-92-5-108988-9 (粮农组织)
ISBN 978-7-109-25665-1（中国农业出版社）

© 粮农组织，2016年（英文版）
© 粮农组织，2019年（中文版）

译 审 委 员 会

本书译审名单

缩 略 语

AgMIP	农业模型比较与改进项目
AMIS	农业市场信息系统
ASIS	农业压力指数系统（联合国粮食及农业组织）
BPACC	适应气候变化的最好实践（最佳适应气候变化实践）
CAC	中美洲农业理事会
CATIE	热带农业研究与高等教育中心
CAU	中国农业大学
CBSUA	中央比科尔国立农业大学（菲律宾）
CCA	适应气候变化
CEPAL	拉丁美洲和加勒比经济委员会
CCAFS	气候变化、农业和食物研究项目
CFS	世界粮食安全委员会
CGIAR	国际农业研究磋商小组
CIAT	国际热带农业中心
CIRAD	农业发展研究
CMIP6	耦合模式比较项目
CORDEX	协调区域气候降尺度试验
CPPs	国家规划文件
CSA	气候智能型农业
DA	农业部门
DAD-IS	家畜遗传多样性信息系统
DLIS	沙漠蝗虫信息服务
DRR	灾害风险降低
DRRM	灾害风险降低和管理
EAF/EAA	渔业和水产养殖的生态系统方法

ENSO	厄尔尼诺－南方涛动（也称恩索）
EEZs	专属经济区
FAO	联合国粮食及农业组织
FFS	农民田间学校
GDP	国内生产总值
GHG	温室气体
GIEWS	全球粮食和农业信息及早期预警系统
GIS	地理信息系统
HLPE	粮食安全和营养高级别专家组
ICEM	国际环境管理中心
ICTs	信息和通信技术
IDDRSI	抗旱和可持续性倡议（IGAD 政府间发展管理局）
IFAD	国际农业发展基金
IFPRI	国际食物政策研究所
IGAD	政府间发展管理局
IICA	美洲农业合作研究所
IMFN	国际示范林网络计划
INDCs	国家自定贡献预案
IPCC	政府间气候变化专门委员会
IPPC	国际植物保护公约
IPPM	害虫治理综合计划
IUCN	国际自然保护联盟
LDC	最不发达国家
MAF	农业和林业部
ME	可代谢的能量
MOSAICC	气候变化对农业影响的模拟系统
NANOOS	西北联网海洋观测协会
NAPs	国家适应计划
NAPAs	国家适应行动计划
NGO	非政府组织
NPPO	国家植物保护组织
ODA	官方发展援助
OTC	场外交易市场
PACFA	全球气候、渔业和水产养殖伙伴关系

PAGASA	大气、地球物理和天文事务管理局（菲律宾）
PICs	太平洋岛国
PGRFA	粮食和农业植物遗传资源
PNA	瑙鲁协定成员国
PP	农民的传统做法
RCP	代表性浓度途径
RPP	区域规划文件
SFDRR	仙台减灾框架（日本）
SPS	卫生和植物检疫措施
SRES	排放状况特别报告
SSA	撒哈拉以南非洲
SSC	南南合作
UNDP	联合国发展计划署
UNFCCC	联合国气候变化框架公约
VDS	船舶日计划
WFO	世界农民组织
WFP	世界粮食计划署
WTO	世界贸易组织

致　谢
ACKNOWLEDGEMENTS

本书是联合国粮食及农业组织（FAO）若干部门专业人员，在Vincent Gitz、Alexandre Meybeck、Leslie Lipper、Cassandra De Young和Susan Braatz 的协调下通力合作的结果。此外，下列人员也做出了贡献：Philippe Ankers、 Aslihan Arslan、Nadine Azzu、Stephan Baas、Caterina Batello、Julie Belanger、 Agnes Bernis-Fonteneau、Shakeel Bhatti、Sarah Brunel、Sally Bunning、Andrea Cattaneo、Romina Cavatassi、Mona Chaya、Remi Cluset、Keith Cressman、Toufic El-Asmar、Aziz Elbehri、Jean-Marc Faures、Irene Hoffmann、Hideki Kanamaru、 Rodica Leahu、Dan Leskien、Damiano Luchetti、Chikelu Mba、Annie Monard、 Stefano Mondovi、Anne Mottet、William Murray、Nicolas Picard、Eran Raizman、 Natalia Winder Rossi、Federico Spano、Henning Steinfeld、Alvaro Toledo和Julia Wolf。

Suzanne Redfern对文本和表格进行了编辑和设计，Fabio Ricci对插图提供 了支持。

作者感谢下列审稿人对本书预审稿的宝贵评论和意见：Modadugu Vijay Gupta、Sheryl Hendriks、Erda Lin、Gerald C. Nelson和Shivaji Pandey。作者对 最终内容负责。

前 言

INTRODUCTION

消除饥饿，实现粮食安全和改善营养是可持续发展目标的核心。与此同时，气候变化已经影响到农业①和粮食安全，并将加剧结束饥饿和营养不良面临的挑战。

气候变化对生态系统的影响已经非常严重和普遍。面对气候变化，确保粮食安全是人类面临的最艰巨挑战之一。尽管与气候变化有关的一些问题是逐渐形成的，但我们迫切需要现在就采取行动，以便有足够的时间建立农业生产系统的弹性。

尽管我们已经在相关领域取得了相当大的进展，但全球仍有近8亿人长期营养不良，有1.61亿5岁以下儿童发育迟缓。与此同时，有5亿人肥胖，20亿人缺乏健康生活所必需的主要微量营养素。人口和收入的增加以及城市化正在推动粮食和饲料需求的增加和变化。FAO估计，为了满足人口增长和饮食变化带来的日益增长的食物需求，粮食生产在未来几十年内必须增加至少60%。

根据联合国（2015）的统计，全世界仍有8.36亿人生活在赤贫状态（低于1.25美元/天）。据国际农业发展基金（IFAD）称，至少有70%的贫困人口生活在农村地区，其中大多数部分或全部依靠农业为生。据估计，发展中国家的5亿小农场几乎支撑了20亿人口的食物。在亚洲和撒哈拉以南非洲地区，这些小农场生产了大约80%的食物（IFAD，2011）。农村贫困人口通常部分依靠森林谋生（世界银行，2002）。据估计，有6.6亿～8.2亿人（渔业从业者及其家属）完全或部分依靠渔业、水产养殖业和相关产业作为收入和支持的来源（粮食安全和营养高级别专家组，2014）。

粮食安全是指任何人在任何时候都能在物质和经济上获得充足、安全和富有营养的食物，以满足其积极健康生活的膳食需要及食物偏好（世界粮食峰

---

① 这里指广义上的农业，包括农作物、畜牧生产、林业、渔业和水产养殖业。

会，1996）。这一定义指出了粮食安全的4个维度：可用性、可获得性（经济上和物理上的）、使用性（使用的方式和人体吸收状况）以及上述3个维度的稳定性。目前全球已经生产了足够的食物，但仍有将近8亿饥饿人口，实现粮食安全所需要的不仅是全球范围内生产足够的粮食，而且要保障任何人在任何时候都能获得数量足够和品质良好的粮食。

政府间气候变化专门委员会（IPCC）在八大关键风险中，识别出4个与粮食安全有着密切关系或直接是粮食安全的后果，分别是：①农村生计和收入的丧失；②海洋、沿海生态系统和生计的丧失；③陆地、内陆水域生态系统和生计的丧失；④粮食不安全和粮食系统崩溃。

本报告汇编了政府间气候变化专门委员会提供的证据，并利用最新的科学发现进行了更新，还加入了FAO关于当地的知识和经验。报告概述了气候变化对粮食安全和营养的一连串影响，内容从对农业生态系统的物理影响到对生计和粮食安全的影响。报告分析了这一连串的影响如何作用于一系列的脆弱性。报告提出了适应气候变化和建立气候变化弹性，以确保粮食安全和营养的方法。报告阐明了立刻采取行动应对气候变化的重要性：消除饥饿、使农业部门适应气候变化、减缓气候变化使其保持在一个有可能确保和保障每个人粮食安全和营养的水平。

本报告旨在概述气候变化对粮食安全和营养的影响，从影响粮食安全的4个维度进行分析，并探索通过适应气候变化和提高农业系统弹性减少气候变化所带来的负面影响的方法。因此，本报告的范围不涉及农业部门的温室气体（GHG）排放，也不包括减少这些排放的手段。

本报告有以下3个目标：

第一，提高人们对气候变化已影响到最脆弱群体粮食安全和营养状况这一现实的认识。让人们认识到如果不迅速采取行动，气候变化将日益威胁到消除饥饿目标的实现。这是政府部门在所有领域采取强有力的行动，以应对气候变化的另外一个理由。

第二，准确地描述气候变化最终影响人类粮食安全的途径，并说明需要采取行动的范围。理解这些途径和可能的反应——不仅限于农业经济学，还包括从社会保障到加强国际合作等内容——对于FAO根除饥饿和营养不良的行动来说是必不可少的。

第三，报告的出发点还包括推动正在进行的关于如何实施农业和粮食系统气候变化适应措施的讨论，并力证粮食安全和营养以及支持它们的农业部门应该成为优先干预领域。因此，它还旨在回答捐助第21届成员大会的许多意向成员提出的适应气候变化方面的需求和要求。

第1章旨在识别和描述气候变化影响粮食安全和营养的途径。它首先总结了气候变化对农业、生计和粮食安全的主要影响，然后描述了对农业部门的主要直接和间接影响。这引出了对生计影响的思考。对粮食安全和营养的影响是物理和经济冲击（压力）与潜在脆弱性相互影响的结果。

第2章介绍了降低脆弱性和建立弹性，是如何减少气候变化对生产、生计和粮食安全及营养的总体负面影响的。它研究了实现这一目标的各种手段：第一，通过社会保障和解决性别特定脆弱性，减少家庭层面的脆弱性。第二，通过景观层面的方法和适当的技术解决方案，从而降低农场层面的生产脆弱性。第三，投资建立农业生产的弹性。这需要在当地、国家和国际层面做出适当的制度安排和制定相关政策。本章最后综合分析了为保持粮食生产系统弹性，确保现在和将来的粮食安全，不同类型的参与者所需采取的行动。

目　录

1 气候变化对粮食安全的影响：最新知识综述

气候变化深刻地影响着农业活动的开展。世界上每个地区，植物、动物和生态系统都需要适应当下的气候条件。当这些条件发生改变，哪怕是略微改变，即使是看起来朝着更加有利的方向改变，植物和动物也会受到影响，有些会减少，甚至会消失。其中一些影响很容易预测，比如热浪对特定植物生长过程中特定时刻的直接影响（前提是该植物已被充分研究）。另外一些影响则难以预测，比如特定气候变化对整个生态系统的影响。这是因为每一种因素作用的方式不同，而且各因素之间还会相互作用。例如，在控制其他条件不变的情况下许多栽培作物对大气中二氧化碳（CO_2）的增加反应良好；但与此同时，许多杂草也反应良好。田间栽培作物产量的增加或减少，取决于与其竞争营养物和水的杂草的生长情况，以及相应的补救措施。在气候变化之后，病虫害很可能会发生区域转移，转移到那些在生物和防控体系应对准备不足的地区，从而造成潜在的更大负面影响。

对那些直接依靠农业获得食物和生计的人来说，农业生产的这些额外风险会直接转化为他们粮食安全和营养的额外风险。这些风险还可能通过价格波动和贸易中断对距离较远的其他地区的人口粮食安全和营养产生影响。如图1所示，气候变化给农业生态系统、农业生产、经济和社会以及最终对粮食安全和营养带来了一系列风险。

第1章旨在展示气候变化影响粮食安全和营养的多重联系。它从关于气候变化本身的知识开始，重点关注涉及农业部门的最新知识进展。然后简要回顾气候变化对农作物、牲畜、林业、渔业和水产养殖的一些被大家熟知的主要影响。第三部分分析气候变化对农业生产的影响带来的经济和社会后果。第四部分聚焦于（生物物理、社会、体制）脆弱性，以便更好理解从气候变化到粮食安全和营养所受负面影响之间各环节的逻辑关系，并最终找到解决问题的方法。第五部分就这些风险如何在4个维度影响粮食安全和营养分享了见解。

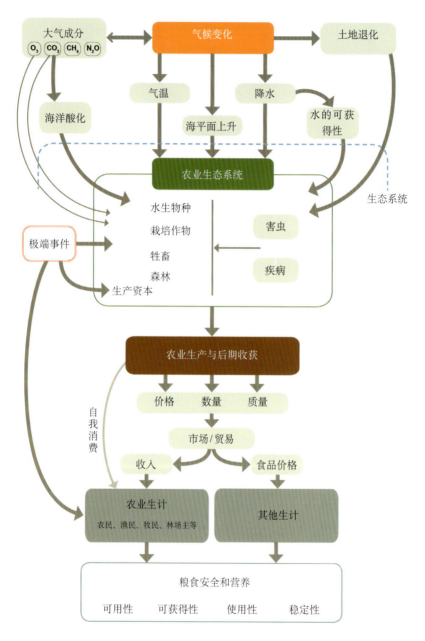

图1 气候变化对粮食安全和营养影响的连锁反应示意

注：生态系统和农业生态系统受到一系列物理、生物和生物物理的影响，这又转化为对农业生产的影响。影响涉及农产品数量、质量和价格，乃至农户的收入和非农户的购买力。最终，粮食安全和营养的4个维度都会受到影响。

1.1 气候变化对农业部门影响的重要性

政府间气候变化专门委员会的最新报告证实了其之前关于气候演变及其主要物理效应报告的主要结论，如陆地和海洋温度上升、海平面上升和海洋酸化等。该报告还帮我们更清晰地理解降水强度和降水季节分布的潜在空间变化。此外，建模、数据收集和使用的改进，能够使我们在中期和更本地化的范围做出更精确的预测。这些改进对于更好理解和预测气候变化对农业系统的潜在影响至关重要。正如政府间气候变化专门委员会最新报告综述所言"现在气候变化的连锁影响可以从物理气候到中间系统，再到人类的链条传递的"（政府间气候变化专门委员会，2014a）。

通过政府间气候变化专门委员会的五次报告，我们对气候变化认知的科学依据有了越来越多的了解。由于2014年年末已经完成了耦合模式比较项目（CMIP6）下一阶段的设计和组织，因此未来几年还将进一步修正对气候变化的预测（世界气候研究计划，2014）。在CMIP6完成之前，政府间气候变化专门委员会的第五次报告提供了气候变化预测的最佳共识。到21世纪末的气候变暖幅度很大程度上取决于未来几十年的温室气体排放，温室气体排放本身又受许多社会经济因素、技术因素和气候政策的影响。代表性的浓度升高途径（RCPs）描述了从严格控制的情景（RCP2.6）到更高程度的温室气体排放情景（RCP8.5）下，温室气体排放、大气浓度、大气污染物排放和土地使用4种不同浓度升高途径的作用（政府间气候变化专门委员会，2014a）。在相对近期（至21世纪中期），气候变暖取决于历史温室气体排放、内部气候变化程度、气溶胶、土地使用的变化和火山爆发等因素。年代际的气候预测（从一年到几十年）是一个快速发展的科学领域，很快将能提供有用的用户导向型信息（Meehl 等，2014）。

随着海水持续变暖、冰川和冰盖不断消失，21世纪全球平均海平面将比过去几十年上升得更快。在2046—2065年（相对于1986—2005年），在最低温室气体排放情境下，全球平均海平面可能将上升0.17 ~ 0.32米；在最高温室气体排放情境下，全球平均海平面可能将上升0.22 ~ 0.38米（Church 等，2013）。在一些地区，未来海平面极值上升的频率可能会大幅增加。海洋表面的酸化将随着大气中二氧化碳的升高而上升。大西洋热带和亚热带海域的海水含盐量也可能增加。此外，预计在未来几十年西太平洋热带地区的降水会减少。

区域气候因地理位置而异，特别是与水循环有关的因素影响较大（如降水量）。人们认同气候模型预测的地中海和南部非洲未来会更加干燥的结果，但对模型关于萨赫勒和西非气候预测的结果信心不足。降尺度技术（动态和统计）已被应用于区域气候变化预测。许多发达国家自行进行了降尺度气候预测[①]。已经有了几个多模型对比项目，如协调区域气候降尺度试验（CORDEX）[②]，它几乎涵盖了14个不同空间域的世界所有地区。通过这些措施，大量的高分辨率气候信息在诸如非洲[③]（当地天气预报非常少）这样的地区成为现实（Nikulin等，2012；Gbobaniyi等，2014）。

相对于1986—2005年的参考期，2016—2035年全球平均气温将上升 0.3 ~ 0.7℃（Kirtman等，2013）。陆地气温升高幅度大于海洋，也大于全球平均值。北极气温升高幅度更大一些（政府间气候变化专门委员会，2014b）。在大多数内陆地区将出现更频繁的高温极端天气（政府间气候变化专门委员会，2014b）。高纬度地区和部分中纬度地区平均降水量很可能会增加，强降水的频率和强度也可能增加。干旱和湿润地区、干旱和湿润季节之间降水量的对比将更加明显。短时降水事件将转变为更强烈的单个风暴，随着气温的升高，弱风暴将变少。从全球平均来看，长期中热带气旋的最大风速和降水率可能会增加。然而在任何特定年份，内部自然气候的变化都足以掩盖短期气候变暖趋势，特别是在地区范围内。

当前气候变化和极端天气事件给粮食安全带来了风险，近期相对较大的年际气候变化凸显了粮食安全风险管理的重要性（见插文1）。然而，越来越多的文献也表明，目前对气候变化的适应能力不足以应对长期的气候变化影响（Niang等，2014）。通过投资于制度和能力发展来提高适应能力，其必要性再怎么强调也不过分。

⊙ 插文1　厄尔尼诺-南方涛动

厄尔尼诺-南方涛动（简称ENSO，音译为恩索）是周期循环发生的，指在跨赤道太平洋地区发生的海面温度、对流降水、地面气压和大气环流的年际变化。中部和东中部赤道太平洋地区每隔2 ~ 7年发生一次变暖（厄尔尼诺），与之相反的是变冷（拉尼娜）（Guilyardi等，2009）。众所周知，厄尔尼诺-南方涛动影响全球气候，影响的大小取决于地点、与正常情况

[①]　http://gdo-dcp.ucllnl.org/downscaled_cmip_projections/ for the United States of America; http://www.climatechangeinaustralia.gov.au/en/climate-projections/ for Australia。

[②]　http://www.cordex.org。

[③]　http://www.cordex.org/index.php/community/domain-africa-cordex。

相比是更加温暖/寒冷或干燥/潮湿（潜在的干旱或洪水）、季风降水量的变化以及热带气旋的强度和频率。厄尔尼诺-南方涛动很可能将继续成为未来年际气候变化的主要因素（Christensen等，2013）。厄尔尼诺-南方涛动在21世纪将如何变化还不太清楚，但由于大气中的湿度增加较大，与其相关的区域范围内的降水可能会增加。

1.1.1 气候变化对淡水可用性的影响

温度升高将引发作物和自然植被对水分蒸发的需求增加，并导致土壤中水分快速枯竭（FAO，2013a）。

气候变化给未来许多地区的水资源供应增加了很大的不确定性。它会影响降水、径流和冰雪融化，影响水文系统、水质、水温和地下水补给量（图2）。气候变化也将对海平面产生巨大影响，对沿海地区地表水和地下水盐度产生潜在影响。

图2　气候变化如何影响水循环的所有要素及其对农业的影响
资料来源：FAO (2013b)。

预计气候变化将对未来水资源的供应带来诸多挑战。首先，目前虽然有一系列可用的大气环流模型和全球气候模型，但它们对降水变化的预测结果差异巨大，特别是在更精准的地理区域内。其次，降水量的变化与水资源可利用率的变化并不是线性相关的：诸如降水持续时间和强度、地表温度和植被等因素在决定多少比例的降水转化为地表水（进入河流、水坝和湿地），以及多少比例的降水转化为地下水这个问题上都发挥着作用。气候变化也会减少冰川，冰川消融常常对河流在夏季提供水源发挥着关键作用。目前的模型并不能完全考虑上述因素，需要更多的研究才能更准确地评估气候变化对全国、区域和地方的水资源的影响，特别是在最易受气候变化影响的地区。有关降水模式变化对水质影响的研究并不充分，强降水可能会增加水中的污染物含量，这会影响农业、工业和其他用途以及饮用水的原水质量，加剧现有水源和水质问题，即使通过常规方式净化之后也仍有问题（Jiménez Cisneros 等，2014）。

预计气候变化将在大多数干旱亚热带地区显著降低可再生地表水和地下水（Jiménez Cisneros 等，2014）。这将加剧对用水的竞争。根据政府间气候变化专门委员会（2012）分析，"由于降水量变化增加和蒸发量增加，在21世纪某些季节、某些地区的干旱将加剧"这一论断处于"中等可信"。这些地区包括中南欧、地中海地区、北美洲中部、中美洲、墨西哥、巴西东北部和南部非洲。干旱和半干旱地区降水量的减少将导致河流径流量减少。例如，在塞浦路斯，研究表明，降水量下降13%将使河流径流量下降34%（Faurès，Bernardi 和 Gommes，2010）。

在世界许多地区，气候变化导致水资源短缺的增加将对适应气候变化带来重大挑战。从全球范围来看，自20世纪70年代以来，干旱地区已经增加了一倍，高山冰川的蓄水明显减少。气候模型对21世纪的模拟均显示，高纬度地区和部分热带地区的年均降水量、河流径流量和水资源供应量会增加，而一些亚热带和中低纬度地区则会降低。预计降水强度和降水变动的增加会增加洪涝和干旱风险，而储存在冰川和积雪中的水供应预计将下降，从而改变那些供水主要依赖山脉冰雪融化的地区在温暖和干旱时期的水资源供应。那些从冰川或融雪中获取水资源的河流，如世界上40%的灌溉用水来自喜马拉雅山脉（FAO，2013a），其高流量都将发生在每年年初。

由于气候变化，温带地区的淡水供应量增加，但低纬度地区（包括印度、中国和埃及的主要农区和严重依赖灌溉的地区）的淡水供应量减少（Elbehri 和 Burfisher，2015）。在严重依赖灌溉的地区，淡水资源的限制可能导致农业生产中灌溉的比例大幅降低，放大气候变化的直接影响和增加这些地区天气引起的生产变化。Liu 等（2014）模拟了未来气候变化导致的灌溉短缺将如何影响作物生产、食品价格以及由此对双边贸易模式的影响。区域灌溉不足会促进国际农产品贸易并改变其地理格局。最后，适应气候变化需要仔细考虑竞争用水及其对粮食安全和营养的各种影响（粮食安全和营养高级别专家组，2015）。某些措施可能会减轻一种不利影响，但同时也可能会加剧另一种不利影响。例如，增加蓄水基础设施可以满足灌溉农业（作物对水的需求增加）的用水需求，但更高的蒸发量和更长时间或更严重的干旱可能加剧与河流的冲突，对下游渔业造成不利影响。

1.2　气候变化对农业生态系统的影响

气候变化会对农业生产系统产生直接和间接的影响。我们在此限定直接影响是那些由于物理特性，例如温度水平、降水在一年中的分布及特定农业生产的可用水量的改变而导致的影响。间接影响是那些通过其他物种的变化对农业生产产生的影响，如传播花粉的昆虫、害虫、携带疾病的物种和入侵物种等。直接影响容易预测，因为能够对它们进行模拟或易于被模型化。现在的模型能很好地预测气候变化对主粮作物的直接影响，但对许多其他植物、家畜和水产养殖的预测结果，令人信服的较少。间接影响也能发挥主要作用，尤其是在林业和渔业等较少受人为控制的环境中，由于大量相互作用的参数和联系（其中很多往往还不知道）的影响，因此更难以模型化。在某些情况下，为了预测气候变化对农业生产的影响，要么在给定需要预测的气候状况下使用一个类似的农业生产系统来作为参照，要么观测类似气候变化对其他农业生产系统的影响。

1.2.1　作物

过去气候变化对作物生产的影响，已被证实在世界多个地区都非常明显（Porter等，2014），其负面影响比正面影响更普遍，包括在主产区发生气候极端事件后出现的几次价格暴涨。有证据表明，气候变化已经对许多地区乃至全球的小麦和玉米产量造成了负面影响（Lobell，Schlenker和Costa-Roberts，2011）。大多数地区异常炎热夜晚的出现频率增加，对大多数作物造成了破坏，而且已观测到其对稻谷产量和品质造成了影响。

人们可以使用不同类型的方法、多种不同的作物模型和不同的模型类型来估计未来气候变化将如何影响作物生产。由多种模型关于气候变化对主要作物的影响评估，得出在全球层面趋于一致的结论是：存在明显的不确定（Frieler等，2015；Rosenzweig等，2014），这表明气候变化将在根本上改变全球粮食生产模式。预计在低纬度地区和热带地区，在当前农业区域、管理水平和科技以及其他因素均保持不变的情况下，即使是低水平的变暖，气候变化也将对小麦、稻谷和玉米等作物的生产能力造成负面影响。

气候变化对中纬度和高纬度地区的影响更为复杂，尤其是在较低水平的气候变暖情况下（政府间气候变化专门委员会，2014a）。一些高纬度地区预计会从温度升高和生长季节延长中受益，有时是大幅受益，但是其他环境条件，如远北地区的土壤质量问题，可能会限制这种受益的程度（Porter 等，2014；FAO，2015a）。在区域和更小的分区域维度上，也观测到了空间差异的存在，特别是在海拔有很大差异的地方。气候变化对高纬度和低纬度地区的相反影响表明，它可能加剧发达国家和发展中国家之间现有的不平衡（Elbehri，Elliott 和 Wheeler，2015）。总体上，气候变化将增加许多地区作物产量的不确定性。

人们在总体上已清楚地掌握了温度对作物的影响及作物发育的最佳温度。但超出这些最佳温度时会对作物产生什么影响，人们还知之甚少。研究也表明，极端白天温度（30 ~ 34℃）对作物产量负面影响的大小，取决于不同的作物种类和区域。

气候变化对作物产量的影响取决于许多参数：温度、降水模式以及大气中二氧化碳的增加。在大多数情况下，大气中二氧化碳浓度升高对植物生长具有刺激作用（提高叶片光合作用速率和水分利用效率），特别是对碳三作物[①]如小麦和稻谷。二氧化碳、缺氮和高温影响之间的相互作用存在不确定性。作物对它们的反应与作物的基因类型相关。最近的研究也证实，对流层臭氧含量升高对作物产量具有破坏作用，估计由此造成了2000年大豆产量下降8.5% ~ 14%、小麦产量下降4% ~ 15%、玉米产量下降2.2% ~ 5.5%（Porter 等，2014）。

综合全球气候变化对农业影响的最新研究［在农业模型比较与改进项目（AgMIP）和农作物之间影响模式比较项目（ISI-MIP）框架下所做的研究］可以总结出，到2100年，在高排放情景下，气候变化对作物产量的影响为：玉米产量下降20% ~ 45%、小麦下降5% ~ 50%、稻谷下降20% ~ 30%、大豆下降30% ~ 50%（Müller 和 Elliott，2015）。假设二氧化碳的施肥效应[②]能够完全发挥，气候变化对作物产量的影响为：玉米下降10% ~ 35%、小麦从增长5%到下降15%、稻谷下降5% ~ 20%、大豆下降0 ~ 30%。如果考虑缺氮因

---

① 植物学中农作物主要包括碳三作物和碳四作物，指碳的两种不同存在形式。碳三作物生长在温度较低环境，主要分布在温带和寒带；碳四作物生长在温度较高地区，主要分布在热带、亚热带。碳三作物有大豆、小麦和水稻等，碳四作物有高粱、玉米、甘蔗等，这两种作物类型的生理生态过程及光合作用速率差异明显。

② 译者注：指前文中的提高叶片光合作用速率和水分利用效率的作用。

素，农作物从二氧化碳刺激作用中的获益会很小（Müller和Elliott，2015），从而放大气候变化的负面影响。

最近使用政府间气候变化专门委员会高排放情景（21世纪末辐射强度为每平方米8.5瓦特）的多模型研究发现，到2050年全球4种作物（粗粮、油籽、小麦和稻谷）的产量均值将比气候没有发生改变的情景下降17%（Nelson等，2014a）。该模型考虑了2050年最极端的辐射强度和假定二氧化碳对农作物的刺激作用有限，但没有考虑臭氧浓度升高和大量病虫害等生物危害对农作物产量的不利影响，也没有考虑极端天气发生的可能性增加。

温带地区的主要农业生产者，如欧盟的小麦生产者和美国的玉米生产者，可能会受到气候变化的巨大负面影响，主要是因为农作物在生长期可获得的水资源减少；更频繁和强烈的酷热，尤其是当酷热发生在开花期时破坏性最大（Müller和Elliott，2015）；以及物候加速可能会导致干物质产量的减少。不过，这些地区往往具有更大的适应弹性。

玉米、高粱和小米是非洲播种面积最大的农作物，但不同地区差异很大。国际食物政策研究所（IFPRI）关于气候变化对非洲农作物产量影响的研究表明（Thomas和Rosegrant，2015），其影响在不同地域差异明显。这证明，尽管气候变化最直接的影响是不利的，但也会对产量产生积极影响，因为预期一些地区降水量会增加，一些高海拔地区会因为气候变得更加温暖而适宜耕作。

几项基于耦合气候和作物模型的研究表明，欧亚大陆中部粮食生产区的农业生态潜力可能会得到提升，因为气候更加温暖、更长的生长期、森林减少、大气中二氧化碳浓度升高对作物具有正面影响，但其他模型预测农业潜力会下降，因为干旱频率增加（Lioubimtseva，Dronin和Kirilenko，2015）。由气候变化驱动的农业生态潜力预测表明，俄罗斯、乌克兰和哈萨克斯坦的谷物生产潜力可能会增加，这源自冬天气温升高、农作物生长期延长、二氧化碳对农作物的施肥效应，但最具生产力的半干旱地区遭受干旱的风险则会急剧增加。

Uleberg等（2014）在一项关于气候变化对挪威农业可能产生影响的研究中注意到，尽管会遇到诸如冬季气温不稳定、秋季降水增多以及可能增加的杂草和疾病等挑战，但当前较短的生长期被延长以及更高的生长温度可以为该地区的农业带来新的机遇，这需要量身定制适应性策略、培育新的植物品种、改变播种日历和实行作物轮作。考虑到该地区的农业知识基础，进行增强适应性的改变看起来是可行的。

气候变化对其他作物和营养价值较高的产品（如块根、块茎、豆类、蔬菜、水果和其他园艺产品）的影响研究相对于主粮作物来说要少得多（粮食安全和营养高级别专家组，2012a），尽管它们对营养和生计也很重要。世界范围内已经观察到葡萄、苹果和其他多年生园艺作物的开花期和成熟期提前（Porter 等，2014）。最近的一些研究表明木薯可以从气温升高中获益，因为木薯的光合作用和生长的最佳温度都比较高，对二氧化碳的增加具有积极的反应。冬季的积温（对许多水果树和坚果树来说非常重要）预计将继续下降。一些研究预测美国的苹果和樱桃会受到不利影响。预计大多数葡萄酒产区的葡萄藤数量会下降。预计巴西的甘蔗和咖啡将转向更加适宜种植的地区。预计哥斯达黎加、尼加拉瓜和萨尔瓦多的咖啡产量将下降40%（Porter 等，2014）。

物种间关系变化的潜在影响

用于预测农作物产量的模型通常没有考虑气候变化对生态系统功能的影响，如农作物与杂草和有害生物的平衡，也没有考虑对花粉传播媒介昆虫的影响。这些因素可能具有潜在的重要影响，特别是可能抵消一些地区气候变化的直接正面影响。例如，有人担心高纬度地区气候变化将有利于有害生物的扩散（Uleberg 等，2014）。有害生物被定义为"任何对植物或植物产品有害的植物、动物或病原体物种、品系或生物种类"（FAO，2015b）。估计有害植物使全球每年的农产品收获量损失了10%～16%。预计这些损失的成本至少有2 200亿美元（Chakraborty 和 Newton，2011）。杂草被认为是造成损失的主要原因，预计占损失的36%（Oerke，2006）。气候变化对植物健康影响的评估基于三类信息：已经观测到的气候变化对植物病害的影响、专家知识和实验研究的推断、计算机模型（Pautasso 等，2012）。气候和二氧化碳浓度的变化将增加杂草的分布，提高对农业有严重影响的杂草和侵入性杂草的竞争力。二氧化碳和臭氧浓度的潜在交互作用很大，需要进行专门的系统评估。

气候变化可能增加有害生物的影响，因为这使它们可以在之前不能存活的地方存活。温度变化可能导致其分布范围的变化并促进越冬。因此，一些物种将沿着两极（南极和北极）和更高的海拔扩展自己的地理范围（Porter 等，2014；Svobodová 等，2014）。例如，地中海盆地的温度升高，将使迄今为止无法在该地区生长的热带物种存活。最近在撒丁岛出现的水葫芦就属于这种情况，尽管人们一直认为水葫芦只生长在温度较高的地区。

气候变化也可能增加有害生物的影响，因为较高的温度使它们出现的时间更早。与气候变化相关的温度、降水和风力模式的潜在变化，预计将对非洲沙漠蝗虫（所有迁徙性害虫中最危险的害虫）产生巨大影响（见插文2）。在芬兰，70多年以来，人们已经观测到马铃薯晚疫病出现的时间更早，出现的频率也更高（Hannukkala 等，2007）。在美国，马铃薯叶蝉（马铃薯小绿叶蝉）现在出现的时间比20世纪50年代平均要提前10天，在最热的年份里它的影响更为严重。据记载，有200多种植物是马铃薯叶蝉的潜在寄主，它的提前到来造成了每年数百万美元的损失（Baker，Venugopal和Lamp，2015）。

➡ 插文2　气候变化对跨越边界的有害生物的潜在影响
——非洲沙漠蝗虫的案例

与气候变化相关的温度、降水和风力模式的潜在变化，预计将对非洲沙漠蝗虫（所有迁徙性害虫中最危险的害虫）产生巨大影响（Cressman，2013）。气温升高和降水量增加将给从西非到非洲之角、阿拉伯半岛和西南亚的沙漠地区带来最严重的影响。温度升高会使蝗虫成熟更早，导致它们整个生命周期缩短，并使季节性繁殖开始的时间更早，持续的时间更长。这可能导致冬季在红海沿岸平原和非洲之角地区繁殖出额外的一代蝗虫。加上降水量普遍增加或更频繁的极端强降水事件（包括阿拉伯海的热带气旋），蝗虫数量可能比现在大幅增加，导致更大的暴发风险，如果不加控制，将发展成瘟疫。由于气候变化导致的厄尔尼诺和拉尼娜等极端事件频发，将使非洲之角的冬季和西非萨赫勒的夏季繁殖出更多的蝗虫。风环流的任何变化都可能使蝗虫成虫和幼虫到达以前未受其影响的地区，到达它们目前栖息地的更北部、南部和东部，将从西非洲延伸到印度，包括撒哈拉、近东和亚洲西南部的沙漠。了解气候变化对沙漠蝗虫的影响将帮助受影响的国家采取更加强有力的应急计划，强化应对。

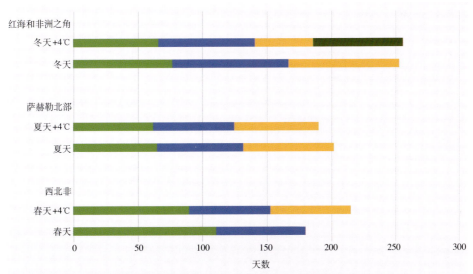

沙漠蝗虫潜在的代系数量和它们在正常和温暖状况下的寿命
注：横条显示一年中连续的蝗虫代系，用颜色进行区分。

条锈病、秆锈病是小麦的主要疾病，水分、温度和风是影响这些流行病的3个最重要的天气因素（Luck等，2011）。它们在近东、中亚、东部和北部非洲地区尤为严重，成为严重的流行病，造成小麦产量严重损失。随着气候变化，它们可能会迁移和到达那些对这一流行病准备不足的地区。

研究预测，在气候变化下，有害生物的代际更新会加快，例如巴西的咖啡线虫（Ghini等，2008）、加利福尼亚的核桃虫（Luedeling等，2011），以及欧洲几种作物的害虫（Svobodová等，2014）。

有害生物可以迁徙，或通过数百万种植物和植物产品（如谷物、蔬菜、水果和木材）的全球贸易进行传播。越来越多国家出口商品的数量和种类都在增加，这增加了有害生物污染货物的风险。

值得注意的是，引起植物疾病的三要素：植物寄主、病原体和环境。由于气候变化的直接效应削弱了植物，增加了植物的脆弱性，因此负面效应也就在预料之中了（Pautasso等，2012）。

花粉传播媒介和通过为生态系统提供服务对农业生产做出重要贡献的其他物种的分布和特性也在发生变化（FAO，2011b）。世界上大约80%的开花植物都由动物授粉，包括脊椎动物和哺乳动物，但主要传粉者是昆虫。蜜蜂、鸟类和蝙蝠等传粉媒介影响着35%的全球作物产量，增加了全球87种主要粮食作物以及许多植物源性药物的产量。据估计，2015年全球传粉媒介价值1 530亿欧元（Gallai等，2009），对世界主要作物产量和质量的贡献至少为70%，特别是对许多营养丰富的水果和蔬菜作物贡献更大（Klein，Steffan Dewenter和Tscharntke，2003）。

授粉在很大程度上取决于物种、授粉者和传粉者之间的共生关系。在许多情况下，这是植物和动物之间复杂关系的结果，任何一方的减少或丧失都会影响两者的生存。人们越来越担心气候变化会影响这种共生关系。例如，因为传粉生物对高温敏感以及虫媒作物对高温和干旱敏感，这就会干扰植物与传粉生物关系的同步性。在热带地区，大多数传粉生物已经接近其可以忍受的最佳温度的上限，因此气候变化对作物授粉的影响预计在这些地区最为严重。

直到最近，关于气候变化对传粉媒介和授粉影响的信息仍然缺乏。现在有越来越多的文献关注气候变暖对物候和传粉媒介分布变化的影响，其中一些文献关注植物和昆虫传粉者对气候变暖的生理反应。多样化的传粉媒介组合，具有不同的特征，对环境条件有不同的反应，是降低气候变化导致风险的最佳途径之一。由多样化的传粉媒介所提供的"保险"，不仅确保了当前也确保了未来有效的授粉媒介。可以通过生物多样性来建立农业生态系统的弹性。

1.2.2　畜牧和畜牧系统

对全球1/3的人口来说，农业是其生计来源，他们中约60%拥有牲畜。近8亿牲畜饲养者每天收入不足2美元（FAO，2011b）。畜牧业发展迅速，已占全球农业GDP的40%，是所有地区食物安全的关键。它们提供了全球消耗热量的13%，蛋白质的25%。在相互交织的系统中，牲畜消耗农作物残余物和副产品，并产生粪便用于施肥。牛、骆驼、马和驴既能用于运输，也为耕地提供动力。在干旱地区，牲畜是将稀少且不规则的生物资源转化为可食用产品的唯一选择。牲畜是农村社区的主要资产，提供一系列基本服务，包括储蓄、信贷、缓冲气候冲击和其他危机。除了农业和粮食安全之外，家畜收入直接有助于教育和人类健康。在撒哈拉以南非洲地区，每2人中超过1人拥有牲畜。在较热的南欧国家，由于奶牛一天中超过一半的时间生活在很热的环境下，估计造成每天每头牛损失牛奶达到5.5千克（饲料信息网站，2015）。在意大利，Crescio等（2010）研究认为，高温和空气湿度可能导致牛死亡率增加60%。有记录表明，在过去二三十年的严重干旱事件中，许多撒哈拉以南非洲国家动物数量减少了20%～60%。Niang等（2014）研究认为，在特定的气候变化情景下，南非奶牛产量可能会下降10%～25%；他们的另一个案例研究估计，在博茨瓦纳，通过打井为动物提供饮水的成本增长了23%。

气候变化对动物健康的影响也有记录，特别是记录了通过媒介传播的疾病。温度升高增加了传播载体和病原体在冬季的生存机会。预计西尼罗病毒和血吸虫病等疾病将扩展到新的地区，蓝舌病或莱姆病也是如此。东非裂谷热的暴发也与厄尔尼诺－南方涛动导致的降水和洪水增加相关（Lancelot, de la Rocque 和 Chevalier，2008；Rosenthal，2009；Porter等，2014）。

尽管气候因素（主要是温度和二氧化碳浓度）之间复杂的相互作用造成了不确定性，但气候变化对饲料作物、牧草以及草地的影响还是在一定程度上得到了量化研究。气温升高和降水减少对产量会产生直接负面影响，干旱期间的记录显示牧草产量严重下降，例如2003年夏天法国绿色饲料缺口达60%。气候变化也会通过下列方式影响饲料质量：从碳三植物转为碳四植物、增加灌木饲料比例（木质化提高），以及在较高温度下植物组织内部次生代谢产物（如单宁、生物碱、皂苷等）增加（Wilson，Deinum 和 Engels，1991）。在降水量变化加剧的情况下，真菌污染的增加及其在饲料中的扩散可能会影响饲料和食品安全（表1）。

目前仍缺乏对气候制约条件下畜牧生产的评估来支持旨在提高部门弹性的政策（政府间气候变化专门委员会，2014b）。特别是，模型化和量化气候变化对畜牧生产系统的总体影响仍然需要克服许多挑战（Thornton，Boone 和 Ramirez-Villegas，2015）。首先，虽然可用的区域气候情景假设增多，但仍然存在明显的不确定性，这限制了在气候变化的情景下对牲畜生产力建模的能力。在放牧的情况下，气候变化对牧场的产草能力、草地物种组合和承载能力的影响，其中大部分我们仍不知道。此外，大多数模型没有考虑管理因素。其次，动物疾病也受到气候变化的影响，为了解气候变化对不同情景和不同预测的影响，未来疾病的分布模式也应该被模型化。最后，气候变化对地下水可获得性的影响也是一个需要进一步评估的领域，特别是在放牧的状况下。

畜牧业的脆弱性首先取决于它们对气候冲击的暴露程度：冲击的持续时间、频率和严重程度，饲养位置以及原料、棚圈、供水点等相关资产的位置。还取决于它们的敏感性：品种、棚圈或饲养系统、健康状况（如接种率）以及这些牲畜对养殖户粮食安全和生计的重要性（国际环境管理中心，2013）。此外，许多因素都会增加牲畜对气候变化的脆弱性，特别是在半干旱和干旱地区。这些因素包括牧场退化、牧场碎片化、土地使用权变化、冲突、不能安全地进入草场和最终市场（例如，只能将作物残留物和副产品作为饲料，来提供动物产品）。

表1　气候变化对畜牧业影响的途径

	动　　物	牧草和饲料作物	劳动力和资本
降水量变化	饮用水和服务用水短缺 疾病 ·病原体、寄生虫和病媒增加 ·分布和传播发生改变 ·新疾病	产量降低 牧草质量下降 牧场物种构成改变（物种、群落） 生产系统改变（从作物牲畜一体到单独的牧场）	改变了人类健康和畜牧业资源分配 降低生产力 移民 冲突
温度	热应激 ·采食量和牲畜产量下降 ·受孕率降低 ·改变新陈代谢和增加死亡率 疾病 ·通过病原体、寄生虫和病媒分布和传播 ·降低牲畜疾病抵抗力 ·新疾病 本国生物多样性降低	产量降低 牧草质量下降 牧场物种构成改变	
大气中的二氧化碳		部分气孔关闭和蒸发减少 牧场物种构成改变	

资料来源：Thornton 等（2009），国际自然保护联盟（2010），Niang 等（2014）。

插文3说明了气候变化对肯尼亚养牛业地理分布的潜在影响。

⊙ 插文3　气候变化对品种分布的潜在影响
——肯尼亚的例子

对肯尼亚康巴牛分布的预测，考虑了其栖息地和生产环境的若干温度和湿度特征。对其未来栖息地的预测，在使用FAO家畜遗产多样性信息系统（DAD-IS）记录的肯尼亚康巴牛当前的地理分布情况的基础上，使用了"哈德利全球环境模式2-地球系统"和政府间气候变化专门委员会的4个代表性浓度途径（RCP）。

这种分析有助于在不断变化的气候中对品种管理做出更明智的决策，从而提高本国政府、家畜饲养者及农民保护和加强粮食安全的能力，让他们的动物遗传资源可持续利用。

1.2.3　森林

气候变化和变动威胁着一系列重要商品（木材和非木材）以及森林环境服务的提供，全球估计有16亿人完全或部分依赖森林。森林和树木的作用是多种多样的，其中包括提供清洁和可靠的供水、防止山体滑坡、土壤侵蚀和土地退化、提供或改善水生和陆生动物的栖息地、为家庭提供一系列可使用或者出售的产品，以及提供就业。鉴于森林资源直接有助于12亿生活在极度贫困中的10亿以上人口（世界银行，2012），气候变化对森林的影响预计对最贫困人口的影响最为严重，从而使已经很脆弱的人口变得更加脆弱。气候变化对森林和树木造成的风险已得到公认。这种负面影响在许多地方非常明显。尽管将气候变化与其他影响因素区分开来往往很困难，但有证据表明，在许多地方，气候变化正导致森林生产能力下降、干旱和温度升高使得树木枯萎，气候变化还使得风蚀和水蚀增加、风暴破坏增加、森林火灾频发、病虫害暴发增加、山体滑坡和雪崩的频率增加、森林植物和动物种类发生变化、洪水泛滥和洪水破坏增加、海水入侵、海平面上升以及沿海风暴破坏增加（Braatz，2012）。

最近的证据表明，在大面积的森林系统中，变暖和降水量的变化正在通过酷热、干旱和病虫害暴发导致树木死亡率增加（Allen等，2010）。北方森林的许多地区生产力正在下降，这是由气候变暖引起的干旱所致（Williams等，2013）。它们发生的地方，变得更加暖和和干燥，加上生产力下降，昆虫入侵以及由此带来的树木死亡，也增加了火灾发生的可能性（Settele等，2014）。

15

直到最近，温带森林的整体趋势一直是增长率增加，其原因是生长季延长、大气中二氧化碳浓度升高、氮沉积增加以及良好的森林管理（Ciais等，2008）。树木死亡率的增加、火灾情况和昆虫暴发以及病原体攻击的变化，都表明最近气候带来的压力非常明显（Settele等，2014）。根据模型预测，大多数树种的潜在气候空间将向极地方向和高海拔方向移动，迁移速度快于自然迁移。

对于热带森林来说，关键的不确定因素是二氧化碳对光合作用和水分蒸发直接影响的强度。在极端干旱时期，潮湿的热带森林中有许多物种易受干旱和火灾诱发死亡。有证据表明，由于土地使用的变化和干旱（包括亚马孙地区），森林火灾的频率和严重程度正在增加。气候变化、森林砍伐、森林碎片化、火灾和人类砍伐压力使几乎所有干燥的热带森林面临退化的风险（Miles等，2006）。

1.2.4　渔业和水产系统

气候变化和极端天气事件正在对海洋和淡水环境中的捕捞渔业和水产养殖业发展的可持续性构成威胁。大气逐渐变暖以及与之相关的水生环境的物理变化（例如海水温度、海洋环流、海浪和风暴）和化学变化（例如含盐量、氧气浓度和酸化）都会造成影响（政府间气候变化专门委员会，2013）。诸如深海海洋膨胀，特别是高温和飓风等极端事件，会影响珊瑚礁和红树林等生态系统提供服务的能力，这对生计和粮食安全至关重要。水生系统中的气候变化和碳吸收，正在并将继续通过水温升高、增加热分层、含盐量和淡水含量变化、氧浓度变化和海洋酸化等方式在水生系统中显现。由于气温上升和酸化加剧的双重压力，维系着1/4海洋物种的珊瑚礁系统将面临更高的风险。例如，在凤凰岛，人们观察到大量珊瑚褪色事件，环礁湖的珊瑚死亡率为100%，2002—2003年在坎顿礁的外背风坡珊瑚死亡率达62%（Alling等，2007）。最近，美国国家海洋和大气管理局（NOAA）珊瑚礁观察小组宣布了继1998年和2010年之后的第三次全球珊瑚礁褪色事件。气候变化以及诸如2015年厄尔尼诺等事件带来的这些全球性冲击，是世界范围内对珊瑚礁造成的最大和最普遍的威胁（美国国家海洋和大气管理局，2015）。

由于大多数水生动物都是冷血动物，它们的代谢率受外部环境条件的影响很大，特别是温度和氧气。温度的变化可能对鱼类的生殖周期产生重大影响，包括它们的生长速度、性成熟期和产卵时间（Perry等，2005；Pörtner，2008）。氧气水平的降低（与地表水变暖有关）将导致全球鱼类体重下降，使得近期捕捞潜力下降。此外，不耐缺氧的物种（如金枪鱼）的栖息地规模缩小，因此未来可能会降低生产力（Stramma等，2010；2012）。许多鱼类已经向极地方向迁移，导致中高纬度地区迅速"热带化"。基于环境条件、生境类型和浮游植物初级生产力变化的模型预测，全球海洋鱼类捕捞潜力分布将大幅调整，高纬度地区将平均增加30%～70%，而热带地区最高将下降40%（Cheung 等，2010）。热带欠发达和经济贫困地区的小规模渔业（SSF）特别容易受到气候变化的影响（政府间气候变化专门委员会，2014a）。在地中海地区，据观察，低纬度地区的入侵物种近几年以每4周一次的速度到达。自20世纪80年代以来，大多数非本土物种已被观测到平均向北迁移了300千米，尽力追随其天然的化学和物理栖息地（Streftaris，Zenetos 和 Papathanassiou，2005）。气候因素和人类压力因素（诸如污染和过度捕捞）对水产资源的压力与日俱增，可能导致捕捞渔业生产严重受损。除了与气候变化相关的因素逐步变化之外，变动事件（如厄尔尼诺）和极端事件（如洪水、干旱、风暴）可能会影响海洋和淡水资源的稳定性，事实上海洋和淡水资源要么适应这些因素，要么受这些因素影响。例如，海平面上升和洪水在河流三角洲取代咸水和淡水，摧毁水产养殖、毁坏湿地。

2013年，内陆水域养殖或捕捞的鱼类产量约占总表观消费量的40%。据报道，内陆捕捞渔业的大部分（95.5%）来自最不发达国家或发展中国家，并且在当地消费（世界银行/FAO/世界渔业中心，2010），当然也有一些明显的例外，例如来自维多利亚湖的尼罗河鲈鱼（Eggert，Greaker 和 Kidane，2015）。事实上，最不发达国家报告的捕捞鱼类产量中有45%来自内陆渔业。政府间气候变化专门委员会（2013）强调，据观测，气候变化对淡水系统及其管理的影响和预期影响，主要源自温度和海平面上升、当地降水发生变化，以及上述因素变化的幅度。

内陆渔业的产量受降水变化、水资源管理、极端气候事件频率和强度的威胁很明显（Brander，2007）。重要的是，河流鱼类的富集程度和物种多样性对外部干扰特别敏感，因为干旱季节水位下降会减少能够成功繁殖的个体数量，许多鱼类适应了与洪水周期同步产卵，以使它们的卵和幼苗能够运输到平原上的育苗区。河流生态系统对水流数量和时间变化特别敏感，它们可能随着气候变化而变化。人类保留水库和灌溉渠道的努力可能会加剧河流流动的变化（FAO，2009a）。初步评估显示，气候变化对渔业和水产养殖的影响将在非洲和南亚最为明显（Allison 等，2009），需要改进跨部门用水规划（Allison，Andrew 和 Oliver，2007）。

1.2.5　基因资源

食物和农业遗传资源包括农民、牧民、森林居民和渔民使用的动物、植物和微生物品种及其变种，以提供食物和非食物的农产品，及维持生产系统内外的生态系统结构、功能和过程。食物和农业遗传资源可以在应对气候变化对粮食安全和营养的挑战，维持和提高农业生产力、农村生计、可持续性和生态系统弹性方面发挥核心作用（FAO，2015a；Asfaw 和 Lipper，2011）。

气候变化也是农业遗传资源受到侵蚀的主要原因之一。当地社区和研究人员需要依靠这些原料提高食物生产的质量和产量。气候变化对食物和农业遗传资源各个部门（植物、动物、森林、水生资源、无脊椎动物和微生物）造成的压力和风险是多方面的。

为适应不断变化的气候条件，未来所需的农作物品种、动物品种或鱼类、森林物种种群，将不得不来自现有的食物和农业遗传资源库。相关产业需要提高对非生物威胁（例如高温、干旱、洪水、霜冻、水温上升）的耐受性，尽管适应更高生产温度、降水量增加或减少的新物种和种群已在全世界得到发展。然而，气候变化也威胁着农作物和牲畜遗传资源的战略储备，人们需要利用这些资源培育出适应未来挑战所需的品种。随着条件的变化，一些品种可能会被农民和养殖户抛弃，并可能永远消失。由于气候变化，预计灾难性极端天气事件，例如洪水和干旱，将在世界许多地区更频繁地发生，这可能会对仅在特定小地理区域生长的品种的生存构成直接威胁。林木种群的迁移不可能快到足以跟上气候变化的步伐（Loo 等，2011），因此它们必须适应原来位置的气候状况，这依赖于它们的表型可塑性和遗传多样性。一些科学家认为，许多树木种群将能较好地应对气候变化的影响。另一些科学家则预测，这些树木种群会面临巨大问题。对热带树种的预测往往比对温带和北方物种的预测更为悲观。

微生物和无脊椎动物遗传资源对农业和食物生产，例如土壤的形成和保持、花粉传播、害虫的生物防治等的重要贡献往往被忽视（Beed 等，2011；Cock 等，2011）。这些有机体在碳循环中也起着关键作用，因此对缓解气候变化的影响至关重要。温度和水分状况的变化、大气中二氧化碳水平的变化，都会影响这些有机体及其为生态系统提供服务的能力。然而，人们对于气候变化如何影响它们却知之甚少。

柑橘在140多个国家和地区种植，是维生素C的重要天然来源。对地中海盆地的预测表明，气候变化导致的年降水量减少、气温升高、含盐量和干旱增加将严重威胁柑橘生产。与其他许多果树类似，柑橘培育非常缓慢且成本很高，因为树木培育的自然周期长，需要经过几年的时间才能评估水果的品质。现有种植园通常基因多样性都较差。但是，基因组科学和基因选择技术的迅速发展，国际研究合作，以及有效使用遗传资源和创新育种策略，已经为应对气候变化开辟了道路。正在开发的柑橘基因类型对气候变暖和干旱有更好适应性，可以满足消费者（如果实质量、大小、易剥离、感官特性等）、生产者（如高产、柑橘树的管理等）和出口商（如良好的收获后特征等）的不同要求。我们迫切需要创新育种策略和更有效地利用遗传资源来提高对气候变化的忍耐程度（Talon 和 Gmitter，2008；Talon，未注日期）。

小麦品种比其他任何谷物作物的品种都多，目前用作面包的小麦栽培品种大约有 5 000 种。就膳食摄入而言，小麦是提供人类营养的主要粮食作物之一，仅次于大米（FAO，2013c）。小麦的遗传多样性对面包特性有影响。它对面包的好几个参数都有影响，包括蛋白质含量、研磨硬度、吸水率以及对面团弹性、稳定性和面包体积的影响能力等。通过小麦基因组测序和标记辅助选育等技术，研究人员和育种人员已具有经常利用抗病和抗真菌基因的潜力。正在培育的新一代小麦的特性，包括应对气候变化能力、抗旱性和抗冻性、氮利用效率等。在所有挑战中，迫切需要解决的是：如何使基因改进跟上气候变化的步伐、如何将新知识和技术转移给农民、如何使研究的步伐和水平与新挑战保持一致、如何识别并利用新技术来帮助实现育种的真正突破、确保必要的资金投入（Horčička，2015）。

各国已经开始采取行动，努力确保食物和农业遗传资源得到适当的保护和使用。但是，应该开展更强有力的协调，在所有参与方（国家和国际两个层面）之间建立必要的合作，确保农业遗传资源为各国适应气候变化做出充分而有效的贡献（FAO，2015d）。

1.3　经济和社会后果

气候变化对生产的影响已直接转变为对农场和食物链的不同经济影响，并产生社会后果。气候变化的影响可通过一系列不同的途径转化为社会和经济后果，这会导致农业收入、食品市场、价格和贸易模式以及投资模式的变化。在农场层面，它将减少农民收入、影响实物资本、迫使农民出售生产资料（例如牛）以缓解收入冲击，从而降低农民对农业生产的投资能力。这将直接对农户造成社会影响，削弱他们在面对诸如健康和教育等其他支出时的能力。在国家层面，它可能引发农产品价格（例如食物和饲料）上涨，这将影响整个人口的经济和社会状况，特别是在食物支出占家庭预算比重很大的国家。它对依赖农业的国家的宏观经济也会产生影响，因为在这些国家，农业是 GDP 的重要组成部分，也是重要的就业部门。气候风险也会通过抑制投资来阻碍农业发展。对全球产量有重大影响的气候冲击或对世界市场有重要作用的地区遭受气候冲击，会对全球市场产生影响，包括：①数量和价格效应，因为市场紧缺；②由于贸易模式被破坏，对双边合约或进口、出口行为产生的影响。

预计这些后果将随着时间的推移、气候变化影响的进程而逐步显现，对不同地区和部门的影响也各不相同。我们必须考虑目前极端事件和异常天气日益增长的强度和频率带来的影响，以及必须考虑与全球变暖主要变化相关的近期和长期影响。预测全球变暖的长期经济后果比较困难，因为这依赖于全球气候模拟研究的成果，但该领域的研究成果仍相对有限。另一个问题是，这个后果在很大程度上取决于人们为减少消极影响和提高积极成果而采取的行动，但这具有很大的不确定性。

1.3.1　已观测到和预测的气候变化对农业收入的影响

鉴于贫困人口和粮食不安全人口，包括农村劳动力、家庭农场主和小农，对农业收入的依赖程度很高，气候变化对农业收入的潜在影响很值得关注。同样，气候变化对贫困和高度依赖农业的经济体农业GDP的潜在负面影响也很值得关注。

表2显示了5个国家不同年份的气候冲击对农作物产量的实际影响，但这都是过去10年的情况。

表2　对作物产量实际影响的分析

国　　家	气候变化或冲击	对作物产量的影响幅度（%）
埃塞俄比亚	降水—生长季	7 ~ 8
	温暖—生长季	10 ~ 60
马拉维	降水—生长季	16 ~ 20
	干旱—生长季	−10
尼日尔	降水—生长季	64 ~ 84
	晚降水	−51 ~ −42
坦桑尼亚	生长季内降水量变化较大	−15 ~ −8
	生长季太热（>30℃）	−25 ~ −14
赞比亚	降水—生长季	5 ~ 10
	晚降水/不降水	无机肥料的正效应降低一半
	生长季太热（>28℃）	抵消了改良种子的正效应

资料来源：Arslan等（2015a）；Asfaw、Coromaldi和Lipper（2015a，b）；Asfaw、DiBattista和Lipper（2015）；Arslan等（2015b）；Asfaw、Maggio和Lipper（2015）。

Lam等（2012）模型化了气候变化导致的海洋鱼类物种变化、鱼类到岸价值变化和与渔业相关工作岗位的变化对14个西非国家2050年经济和社会的影响。使用政府间气候变化专门委员会排放状况特别报告（简称SRES）（政府间气候变化专门委员会，2000），预测相比2000年，2050年鱼类到岸价值将下降21%，每年总计损失3.11亿美元；与渔业有关的工作岗位损失将近50%，下降到39万个，其中科特迪瓦、加纳、利比里亚、尼日利亚、塞拉利昂和多哥受到的影响最为严重。

FAO的气候智慧型农业经济和政策创新项目组（EPIC）关于撒哈拉以南非洲（SSA）6个国家气候和天气冲击影响的研究表明，气候冲击对家庭福利指数有重大影响。这些研究基于具有代表性的全国家庭普查，结合高分辨率的历史降水和温度数据，使用多种气候冲击变量来表征气候变化的长期变化，如季节性降水量的变异系数，或30年以来的最高温度，以及短期冲击，如降水的季节分布、季节降水量和极端温度、季节降水量和温度与长期平均值的偏离。他们还使用了一系列福利指标，包括总收入、农业收入、人均每日能量消费等指标。在坦桑尼亚，研究已发现过去5～10年降水量变化的增加使总收入减少了约35%，温度变化的增加使每日能量摄入量减少了约11%。在马拉维，1℃干旱冲击的发生（比舒适区温度的上限高1℃）导致人均总消费量下降约19.9%，食物能量摄入量下降约38.7%。在埃塞俄比亚和尼日尔，降水量和最高温度的变化对消费支出、家庭收入和粮食安全都产生了负面影响，这表明缺乏收入平滑措施。然而，在乌干达，气候冲击对家庭福利的影响有限，但对其他社会和财富指标的影响显著，这可能表明该国存在消费和收入平滑措施。在大多数国家，与最高收入层级的家庭相比，最脆弱的农村家庭受降水不足的负面影响更大。气候冲击影响收入的波动及其水平。在马拉维和赞比亚的研究发现，季节性降水（限定为30年以上）的变化加剧不仅降低了预期收入，而且增加了收入的波动幅度。

气候变化对农业收入的影响，最终取决于它对生产、市场和价格的影响。如上文所述，对贫困人口高度集中的地区、粮食不安全的小农、国民经济高度依赖农业的国家来说，气候变化对农业生产的预期影响通常是负面的。农村贫困和饥饿集中在两个地区：一是南亚，其农村贫困人口数量最大；二是撒哈拉以南非洲，其农村贫困发生率最高，人口增长率也很高。这些地区的农业被认为极易受气候变化的影响，因为人们应对能力有限，这使农业最大程度地暴露在大幅增加的气候风险之下（Eriksen等，2011）。Caldzilla等（2013）认为，如果不采取适应性措施，在中度气候变化情景下（政府间气候变化专门委员会排放情景特别报告的情景），到2050年，撒哈拉以南非洲地区的GDP将下降

0.2%，但如果采取措施的话，这种情况可以逆转，GDP将实现正增长，农作物生产力将提高25%。

研究发现，气候变化也会对其他地区的生产者收入带来风险。Bárcena等（2014）汇总分析了一系列关于气候变化对农业收入影响的研究结果。如表3所示，在大部分地方，温度升高的不同情景和多种假设下，预测的影响通常都是负面的。另一项最近的研究模拟了气候变化对中亚大部分地区农业收入的潜在影响，作者发现，气候变化对吉尔吉斯斯坦北部从事大规模商业生产的农民收入有积极影响，但对塔吉克斯坦干旱地区的小规模生产者会带来负面影响。如果由于气候变化和上游地区用水需求增加，导致中亚干旱地区可获得的灌溉用水量下降，其负面影响可能进一步加剧。这一情景模拟表明，各国之间市场自由化和商品交易环境的改善，在应对气候变化的负面影响上有很好的潜力（Bobojonov 和 Aw-Hassan，2014）。

表3 基于里卡尔模型的气温上升与农业净收入变化

作　　者	国家（地区）	气温升幅（℃）	收入变化（%）
Sanghi（1998）	巴西	2	−11 ~ −5
		3.5	−14 ~ −7
Mendelsohn 等（2000）	南美洲	2	0.18 ~ 0.46
Lozanoff 和 Cap（2006）	阿根廷	2.0 ~ 3.0	−50 ~ −20
Timmins（2006）	巴西	2	−0.621
González 和 Velasco（2007）	智利	2.5 和 5.0	0.74 和 1.48
Seo 和 Mendelsohn（2007）	南美洲	1.9，3.3 和 5	−64，−38 和 −20（小农场）
			−42，−88 和 −8（大农场）
Mendelsohn 和 Sen（2007）	南美洲	1.4 ~ 5.1	−18.9 ~ −9.3
		1.3 ~ 3.2	−19.1 ~ −5.0
		0.6 ~ 2.0	41.5 ~ 49.5
Mendelsohn 和 Sen（2007）	南美洲	1.4 ~ 5.1	外生变量：−32.9 ~ 6.9
			内生变量：−28.0 ~ −5.4
		1.3 ~ 3.2	外生变量：−17.6 ~ −5.7
			内生变量：−19.0 ~ −4.2
		0.6 ~ 2.0	外生变量：0.1 ~ 4.7
			内生变量：−1.1 ~ 9.7

（续）

作　者	国家（地区）	气温升幅（℃）	收入变化（%）
Mendelsohn等（2007）	巴西	10	−33
Seo和Mendelsohn（2008）	南美洲	2.0～5.1	−43～−23
Seo和Mendelsohn（2008）	南美洲	1.9，3.3和5	−53.0～−14.2
			−30.2～−14.8
			−12.4～2.3
Sanghi和Mendelsohn（2010）	巴西	1.0～3.5	−38.5～−1.3
Mendelsohn等（2010）	墨西哥	2.3～5.1	−54.1～−42.6
Cunha等（2010）	巴西	2	−14
Seo（2011）	南美洲	1.2，2.0和2.6	−26～17（私人灌溉）
			−25～−12（公共灌溉）
			−29～−17（干旱农场）

资料来源：Bárcena等（2014）。

最近各类异常天气对农场收入影响分析的证据表明，最贫困农民所受影响最大。

总体而言，气候变化对农场层面和国家层面农业收入的影响主要有三点：首先，气候变化已经对农业收入产生了负面影响，如果没有广泛而有效的适应措施，这种情况可能持续下去。其次，气候变化对最贫困国家和最贫困农民收入的负面影响最大，这是因为他们对气候风险的暴露程度高，而适应能力低。最后，农业的有效适应预计能大幅降低对收入的负面影响。

1.3.2　对食品价格、贸易和投资的影响

大多数模型预测认为，气候变化将使未来食品价格上升，尽管不同模型和不同气候变化情景下价格的涨幅和价格增长的地域差别很大。食品价格上涨是由人口增长、收入增长（导致需求增加）以及气候变化对供应的负面影响共同推动的。有文献研究了人口增长、收入增长和气候变化三种因素在15种不同组合下的潜在影响，在最乐观的情景下即人口低速增长、收入高速增长，采用4种气候情景的均值，与2010年的水平相比，到2050年玉米价格上涨87%、大米价格上涨31%、小麦价格上涨44%（Nelson等，2010）。气候变化程度越低，预测的价格涨幅也就越低，因为气候变化对食物供应的负面影响降低。

食品价格波动是气候变化的另一个潜在影响（Porter等，2014）。食品价格高涨常常紧随主产国极端气候事件之后，而且非常可能是气候趋势造成的结果。最近的经验表明，气候变化对食品价格波动的影响在很大程度上受国内政策的影响，出口禁令也会导致价格波动。威胁食品价格稳定的另一个因素是食品价格与能源价格越来越紧密相关。出现这种情况的原因是生物燃料政策为食品、土地和水创造了新的需求来源。此外，现代食物系统严重依赖化石燃料能源，要么直接作为燃料（用于抽水、田间机械作业或加工），要么间接作为制造氮肥的关键投入（Freibauer等，2011；Schmidhuber，2007）。这创造了新的危机。能源市场的波动可能会导致食品市场的波动，能源冲击也可能成为食品价格冲击（FAO，2012a）。

在为适应气候变化驱动的农业和食物生产模式转变方面，预计贸易将发挥主要作用（Nelson等，2010；Chomo和De Young，2015）。10个全球经济模型（农业领域的6个一般均衡模型和4个局部均衡模型）采用协调一致的情景，估计了气候变化、社会经济因素对农产品国际贸易的可能影响（Nelson等，2014；Von Lompe等，2014），对这些模型结果进行了汇总研究。这些模型的结果均认为，贸易在气候变化中的作用日益增强，但贸易变化的程度在模型之间差异很大。大多数模型也显示，2050年主要出口国和进口国或地区的净贸易状况将保持不变。但是，这些结果只关注了一些重要的贸易商品及主要出口商和进口商。Valenzuela和Anderson（2011）也研究了贸易对气候变化的适应性问题，该研究发现，到2050年，气候变化将使发展中国家的粮食自给率下降12%。他们使用了静态的全球可计算一般均衡模型（CGE）来分析2050年两种情景下的世界经济。

尽管预计贸易在气候变化的背景下将发挥越来越重要的作用，但气候变化对基础设施、运输环节以及经济中农业占比较高的国家的经济都会产生负面影响，因此这些负面影响对贸易在适应气候变化上实际能够发挥多大的作用提出了挑战。只有最贫困的国家和这些社会中最贫困的地区有足够的购买力，他们才能最终进入全球市场。在人口增长、中等收入国家饮食结构改变、生物燃料正在创造食品新需求的世界里，未来几十年食品价格可能会更高。研究表明，高收入国家的粮食需求弹性远低于贫困国家，并且这种弹性差异随着时间的推移而不断扩大（粮食安全和营养高级别专家组，2011）。换句话说，当食品价格上涨时，高收入和中等收入消费者继续无所顾忌地购买，而贫困消费者因为气候变化使其收入减少被迫减少消费——平衡全球供需的责任主要落在了贫困消费者身上。因此，为了在世界市场上竞争，贫困国家和贫困消费者需要足够的收入。这使保障粮食安全成为整体经济增长的一个必要条件（如果不是充分条件的话）。在大多数发展中国家，农业是经济中最大的部门，因此农业应该是这些国家经济增长的主要推动力。

气候变化的一个重要经济后果可能是改变投资模式，这会在家庭层面和国家层面降低农业系统的长期生产力和风险抵御能力。更大的不确定性降低了投资农业生产的动机，抵消了食品价格上涨趋势带来的潜在积极影响。对很难获得或者无法获得信贷和保险的贫困家庭农场主和小农来说，情况尤其如此。在缺乏运行良好的保险市场的情况下，更大的风险暴露会导致：①对低收益但低风险的自给农作物的重视程度增大（Heltberg 和 Tarp，2002；Sadoulet 和 de Janvry，1995；Fafchamps，1992；Roe 和 Graham-Tomasi，1986）；②降低使用购买投入品如肥料的可能性（Dercon 和 Christiaensen，2011；Kassie 等，2008）；③降低采用新技术的可能性（Feder，Just 和 Zilberman，1985；Antle 和 Crissman，1990）；④降低投资（Skees，Hazell 和 Miranda，1999）。所有这些反应，通常会导致当前和未来的农场利润都下降。

1.3.3 极端事件和气候相关灾难的影响

农业是受自然灾害影响最严重的部门之一。大多数最易受自然灾害影响的人群是全球25亿小农、牧民、渔民和依赖森林的社区，他们靠可再生自然资源谋生。随着气候变化，粮食和营养安全风险因气候相关的极端事件和灾害频率、强度的增加而放大。干旱、洪水和飓风等极端气候事件造成的冲击和危机，会破坏作物、牲畜和鱼类资源，破坏农业、畜牧业及渔业和水产养殖业基础设施，破坏灌溉系统、牲畜棚圈、码头、登陆设施和收货后设施等生产性资产，降低整个食物生产的能力。它们会中断市场通道、贸易和粮食供应，减少收入，耗尽储蓄，侵蚀生计并增加饥饿。与此同时，灾害造成生态系统退化和损失，包括土壤侵蚀增加、牧场质量下降和土壤盐碱化。反过来，生态环境退化的加剧也会降低商品和服务的可获得性，减少经济机会和生计选择。

极端事件对农业的影响程度很高。FAO对2003—2013年48个发展中国家的78次灾后需求评估的分析表明，大中型极端气候事件诱发的灾害，如干旱、洪水和风暴等对发展中国家的农业部门造成了影响，使国民经济损失高达25%（FAO，2015e）。这些数字仅代表通过灾后需求评估报告反映的影响，虽然显示了数字的大小，但实际影响可能会更大。为了更准确估算灾害对发展中国家农业造成的真实财务成本，FAO比较了67个国家灾害发生期间及之后的收益与收益趋势，这67个国家在2003—2013年受到了大中规模极端气候事件的影响，影响人数超过25万甚至更多。最后的结果是：在这10年期间，仅农作物和牲畜收益就损失了800亿美元。

1.4 脆弱性决定了气候变化对粮食安全和营养净影响的重要性

　　如上所示，气候变化直接影响农业生态系统，而农业生态系统又对农业生产产生潜在影响，农业生产对经济和社会产生影响，影响生计和粮食安全。换句话说，影响从气候转移到环境，再到生产领域，再到经济和社会层面。在这个压力传导链的每一个阶段，影响都是由冲击本身和各个阶段或层面的脆弱性决定的。压力的传导可以放大或缩小，具体取决于系统每个环节的脆弱性。如果系统和家庭面临重复的冲击，这会稳定地侵蚀其基础和资产，它的脆弱性就会随着时间的推移而增加。这些传导机制和各个层级的脆弱性所发挥的作用，就是决定气候变化对粮食安全和营养影响的最终因素。

　　政府间气候变化专门委员会在其综合报告（政府间气候变化专门委员会，2014a）中指出，风险暴露和脆弱性受到广泛的社会、经济因素和过程的影响，迄今为止，我们尚未完全考虑到这些影响因素，这使定量评估变得困难。报告还指出，与气候相关的危害加剧了其他压力因素，往往会对生计造成负面影响，对生活在贫困中的人尤其如此。因此，在考虑气候变化对粮食安全的影响时，生物的物理脆弱性和社会脆弱性都至关重要。社会脆弱性考察影响人们暴露于风险之下的人口、社会、经济和其他特征，以及他们对负面冲击的反应和应对能力。社会脆弱性透视对于理解为什么特定的个人、家庭或社区，即使在相同的地理区域也会经历不同的影响至关重要。

　　了解气候变化对粮食安全脆弱性的影响，是理解气候对粮食安全净影响、在给定气候风险状况下制定适应气候策略、通过降低脆弱性来降低气候变化净影响的关键。

1.4.1 气候变化对粮食安全脆弱性的影响

　　粮食安全所依赖的食物系统会遭受各种性质的风险。这些风险可直接影响粮食安全和营养的4个维度：农业产量（可用性）、可获得性（充足的收入）、使用性（营养和质量）、稳定性。如上所示，这些风险包括气候风险本身，也包括许多其他风险（这些风险反过来也受气候变化的影响），其他风险可能与气候变化引发的风险相结合，从而对粮食安全和营养的影响具有补充、累积或放大效应。

　　气候冲击对粮食安全的净影响不仅取决于冲击的强度，还取决于食物系统（和它的子系统以及它们之间的关系）对特定冲击的脆弱性，如食物系统受到不利影响的倾向（政府间气候变化专门委员会，2012）。我们在此着重讨论气候变化对"粮食安全脆弱性"的影响，意味着食物系统无法在气候变化的情况下达到粮食安全的结果。

　　气候变化对粮食安全脆弱性的影响包括环境（生产性的）、经济和社会等维度。政府间气候变化专门委员会（2014a）进一步描述了制度脆弱性的情况，指出强化治理在应对脆弱性上的关键作用。表4汇编了政府间气候变化专门委员会（2014b）提到的粮食安全的主要脆弱性，这些脆弱性与不同的气候灾害和变化相关。

表4　与粮食安全相关的主要脆弱性

环境	极地系统
	高度暴露于海平面上升和沿海洪水，包括人口风暴潮、低洼沿海地区的经济活动和基础设施、小岛屿发展中国家（SIDS）和其他小岛屿国家
	山区（山体滑坡，侵蚀，水循环扰动，生态系统转移）
	依赖于生态系统服务的沿海渔业社区和小岛屿发展中国家的渔业社区
	温水珊瑚礁和为沿海社区提供独立的生态系统服务
	已经退化的地区（土地退化、干旱、没有从极端事件中恢复过来）
	一些地区面临缺水和供水不规律，或限制不断增长的供水
	干旱地区的贫困农民缺乏饮用水和缺乏灌溉用水的牧民
	一些地区基因库减少
	人口和基础设施暴露于新的危害之下，缺乏应对这些危害的历史经验
	基于单一作物栽培的系统（病虫害、干旱）
经济	人们补偿旱作系统和牧场系统损失的能力有限
	人们容易与自然资源发生冲突
	容易遭受来自陆地生态系统的规定、管理和文化服务方面的损失
	营养不良和营养不良的人口
	城市和农村地区较贫困的人口，特别是包括净食物购买者、低收入人口、高度依赖农业的经济体即食物净进口国
社会	边远地区的农村人口深度贫困，生计替代的选择有限
	由于边远、高度贫困和文化施加的性别角色，使得应对和适应能力有限
	老人家庭和以女性为支撑的家庭应对能力有限
	长期存在粮食安全危机的国家

（续）

制度	供水服务和基础设施不足的地区
	缺乏水资源管理的能力和弹性
	不恰当的土地政策（包括缺乏终身制）
	误解、削弱牧民的生计，地方政府对降低灾害风险的关注不足
	过于针对具体灾害的管理规划和基础设施设计，或预测能力较低

资料来源：改编自政府间气候变化专门委员会（2014a）。

　　每一种脆弱性都会直接增加负面影响，并潜在增加它们的影响后果。 在一个给定的系统中，一个维度的冲击可能会扩展到另一个维度：例如，生产领域的冲击会传递到经济和社会领域。脆弱性也是如此，一个领域的脆弱性通常与其他领域的脆弱性相互联系，或者引发其他领域的脆弱性。

　　脆弱性可以定义为"什么"（这里指食物系统及其组成部分）针对"什么"（这里指气候风险和其他所有风险的集合，或一种变化——其在特定环境下受气候变化影响而形成特定风险）的脆弱性（Carpenter等，2001）。插文4提供了渔业和水产养殖部门脆弱性分析的例子，但各自关注的重点不同。

● 插文4　渔业和水产部门的脆弱性评估

　　为了更好地描述和理解渔业和水产养殖业面临的更广泛的气候变化威胁和潜在问题，人们已经做了大量的脆弱性评估。根据所提出的脆弱性问题和评估目的，研究使用了不同的方法论——从模型和指标到社区的感性评价。

　　例如，第一次全球渔业评估调查了国民经济中渔业是如何受到气候变化的影响，并利用可获得的信息制定了经济体变化风险指标（预测的温度变化）、经济体对这种变化（国家对海洋和内陆渔业的依赖指标）的敏感性、经济体的适应能力（人类发展指数）的指标（Allison等，2005；2009）。其他评估聚焦于不同水生物种在暴露于海表温度、大气温度、pH、盐度、降水量、海洋气流、海平面上升等变化时有何不同反映以及每个物种的生物特征。这些生物特征被用于预测它们对潜在的环境变化做出反应的情况，例如在美国，为了回答这一问题，就需要找出那些具有生命史的物种和它们暴露于不同情景下在数量或生产能力方面产生的巨大改变。

　　考虑到水生系统与依赖渔业的部门之间的联系，人们还进行了脆弱性评估，既考察了生态脆弱性与依赖自然系统的人类系统脆弱性之间的联系（如肯尼亚），也考察了从珊瑚礁渔业到由于海水温度升高导致的珊瑚礁褪色的社会生态脆弱性问题（Cinner 等，2013）。了解渔业社区内部脆弱性的另一种方法，是聚焦于人们如何看待变化和他们自己对这一变化的脆弱性。在本格拉洋流小规模渔业中可以看到这种参与脆弱性评估的例子，在那里，渔业社区成员表达的他们对改变的感知，不仅包括风力模式的变化、海面温度、鱼类和其他水生物种的变化，也包括他们正在经历的其他社会、经济等方面的变化，通过渔民的社会经济环境和渔民经营治理机制来评估他们应对这些变化的能力。

　　资料来源：Brugère 和 De Young（2015）。

　　很显然，一个系统的某些特征使它或多或少地容易受到一系列风险的影响。依赖单一作物的农场，特别容易受到影响该作物的害虫或该作物价格下跌的影响。相反，多样化的系统不易受只影响某一特定类型作物的害虫和价格波动的影响。缺水地区受干旱影响更大。该地区的雨养系统比灌溉系统更易受干旱影响。从经济角度来看，完全依赖雨养农业的家庭比拥有其他收入来源的家庭更容易受到干旱影响。如果他们没有资产，他们更容易受到干旱导致收入减少的影响，特别是如果没有社会保障体系的话，影响会更加严重。换句话说，干旱的影响从生物物理层面传导到生产系统，最后传导到家庭层面。这种传导可能被放大或缩小，取决于现有的政策和制度。

　　世界上贫困人口和粮食不安全人口主要分布在农村，他们直接或间接依赖农业生产，以农业收入为生，因此他们直接暴露于任何可能影响农业生产的风险之下。

　　农民、农业雇佣工人及其亲属更容易暴露于健康危害之下，如动物传染病、媒介传播疾病、热浪等危害，所有这些危害的强度和频率都将受到气候变化的影响（世界卫生组织，2014）。

　　从粮食安全的经济层面来看，小农尤其脆弱，因为他们面对气候冲击，特别是影响同一地点大多数家庭的普遍冲击时，消费能力有限（Prakash，2011；Dercon，2004，2006；Vargas-Hill，2009；Fafchamps，2009）。任何极端气候事件的增加都会加剧这些小农的脆弱性。目前，如果能够获得非农劳动力收入，家庭农场主和小农在很大程度上依赖日益增加的非农劳动力收入（Kazianga 和 Udry，2006；McPeak，2004；Fafchamps，1999），同时降低食物消费和非食物支出，如教育和健康支出（Skoufias 和 Quisumbing，2005；美国援外合作署，2000）。

此外，有证据表明，越贫困的家庭越可能减少消费，而富裕家庭有能力清算资产以弥补当前的赤字（Carter 和 Lybbert，2012；Kazianga 和 Udry，2006；McPeak，2004；Kurasaki 和 Fafchamps，2002）。目前易受气候冲击影响的家庭，依靠非正规渠道和重新分配劳动力来缓解这些冲击的机会有限，而信贷和保险机制的薄弱或缺乏，意味着在应对气候冲击时，贫困家庭在消费和投资之间面临两难抉择。系统可以在多种尺度上进行定义。系统的脆弱性通常取决于它们构成成分的脆弱性或它们所属系统的脆弱性（Gitz 和 Meybeck，2012）。理解脆弱性具有复杂性、关联性、多维性和多尺度性的本质，是制定战略以增强应对能力的关键。

在很多情况下，冲击或风险可能会有放大效应。例如，干旱增加了下一次干旱的可能性。减少家庭资产就增加了他们对任何一种冲击的脆弱性。从一个维度到另一个维度，从一个层次到另一个层次，或者从一个时间尺度到另一个时间尺度，脆弱性要么相互叠加，相互补充，要么相互放大。粮食不安全的脆弱性、缺乏教育和医疗保健设施造成的脆弱性，导致了经济困难，并具有长期影响（Hoddinott，2006）。

这些相互关系在减少脆弱性方面具有重要影响。第一，减少某种冲击的脆弱性也有助于减少另一种冲击的脆弱性。第二，通过设法限制冲击的内部传导（例如从一个层面到另一个层面），可以减少系统的脆弱性。这就是为什么监测疾病和植物害虫，尽早采取行动以避免它们蔓延，是在不同层面减少脆弱性的一个主要途径。第三，可以用包含不同维度（或层面）和时间尺度的策略来补偿某一特定维度（或层面）和时间尺度上的脆弱性。例如，气候冲击降低了某一地区的农产品产量，在家庭层面可以通过贸易进行补偿，前提条件是贸易没有受到阻碍，且这些家庭能使用其他收入来源，如自有资产或者社会转移收入（即安全网），来购买食物。

1.4.2　性别差异导致的脆弱性

脆弱性往往由以下因素决定：社会经济因素、生计、人们的能力以及获得的知识、信息、服务和支持。脆弱性和对气候变化的适应性，依赖于社会关系、制度、组织和政策之间复杂的相互作用所决定的机会。通常在全国或地区层面进行脆弱性评估，主要聚焦于气候和环境变量以及贫困和经济活动的宏观层面数据。在这一层面上，分析风险忽视了一些最脆弱的人群和群体，并忽略了他们脆弱性的根本原因。

女性和男性拥有生计资产（人力、社会、财务和自然）的数量和组合不同。例如，各地的家庭农场主和小农在获得信贷时都面临着限制，但在大多数国家，女性小农获得信贷的比例比他们的男性同事低5%～10%（FAO，2011c）。男性和女性倾向于参与自主权差异很大的不同活动，其中每一种活动都会影响他们对气候变化的脆弱性。其结果是农村妇女遭受气候变化的影响可能比男性更加严重。

经验表明，女性通常面临着与男性不同的制约，因此适应气候变化的可行选择对女性来说也不同于男性（世界银行/FAO/国际农业发展基金，2012）。这些制约因素包括正式的法律和监管问题，例如土地使用权。在发展中国家，只有10%～20%的土地所有者是女性（FAO，2011c）。此外，社会规范或时间限制可能会阻碍女性获得非农工作的机会，影响女性的脆弱程度、收入水平以及调整农业生产的能力。在一些社区，只有男子有权种植特定的作物或进入市场。此外，许多适应气候变化的做法需要投入现金、时间或劳动力，因此，对获得信贷机会有限和成年劳动力较少（且主要是女性）的家庭来说，成本很高。男女之间的性别和社会差异，也可能影响投资需求以及对天气和气候信息的获取。在一份FAO对印度的研究中，报告显示能够获得天气信息的女性只有21%，而男性则为47%（Lambrou和Nelson，2010）。

需要指出，并非所有的男性和女性都同样容易受到气候变化的影响，这一点也很重要。女性并不必然是气候变化的受害者，在寻找如何应对气候变化的解决方案上，甚至还可以发挥关键作用。因此，细致了解气候变化对男女脆弱性的不同影响是必要的（世界银行/FAO/国际农业发展基金，2012）。

1.5 粮食安全和营养

如前所述，气候变化导致的关联影响及其特定的脆弱性（也可见插文8），对粮食安全在4个维度上产生影响（见插文5）：可用性（数量上的）、可获得性（经济和物理意义上的）、可使用性、稳定性，包括直接和间接的影响。正如政府间气候变化专门委员会（Porter等，2014）指出，对粮食安全的非生产性因素将如何受到影响，量化分析还很少。回顾1990年以来粮食安全和气候变化方面经过同行评审的期刊论文可以发现，这些论文主要关注的是数量上的可用性，占70%，可获得性（经济和物理意义上的）、可使用性、稳定性分别占11.9%、13.9%和4.2%（Wheeler和von Braun，2013）。Wheeler和von Braun认为这种不平衡的主要原因是：侧重于气候变化的直接影响和侧重于更易于调查的地区，包括通过分析单一因素变化而不是复杂的系统性相互作用来分析。

本节总结了气候变化对粮食安全 4 个维度的主要预期影响。

➡ 插文5　粮食安全

粮食安全是指任何人在任何时候都能在物质和经济上获得充足、安全和富有营养的食物以满足其积极健康生活的膳食需要及食物偏好（世界粮食峰会，1996）。这一被广泛接受的定义指出了粮食安全的4个维度：

可用性：数量充足，质量适宜，通过本国生产或者进口（包括食物援助）来提供供给。

可获得性：为了满足饮食的营养需求，个人获得充足的资源（权利）以获得适当的食物。该权利被定义为，在人们居住的社区所给定的法律、政治、经济和社会安排下，一个人可以调度的所有商品束的集合（包括传统权利，诸如获得公共资源的权利）。

可使用性：食物的可使用性指通过适当的饮食、清洁的饮用水、卫生和医疗保健来达到营养健康状态，满足所有生理需求。

稳定性：为了保证粮食安全，居民、家庭或个人必须随时获得充足的食物。他们不会因为突然的冲击（例如经济或气候危机）或周期性事件（例如季节性食物不安全）而产生不能获得食物的风险。因此，稳定性的概念是指粮食安全的可用性、可获得性和可使用性 3 个维度。

1.5.1　可用性

对主要作物产量的影响可能是与粮食安全有关的问题中被研究得最多的，自Rosenzweig 和Parry（1994）开展全球影响评估以来已有20多年的研究历史，主要的研究者有Parry、Rosenzweig 和Livermore（2005），Cline（2007），国际复兴开发银行、世界银行（2010）和Rosenzweig等（2014）。研究使用的情景、模型和时间尺度不同，预测结果也大不相同。但是主要的方向是一致的：产量在热带地区比高纬度地区受到的影响更大，气温升得越高，影响越严重。需要注意的是，预计农作物产量下降的大多数地区也是已经出现了粮食不安全的地区（见插文6）。这些研究有重大的局限性。如上所述，有些风险在预测中难于量化，如单一天气事件和有害生物的影响。此外，它们仅限于主要作物，而气候变化对许多其他重要作物的影响还知之甚少。栖息地、种群和物种分布的改变会使水产品的可用性发生改变，包括积极的和消极的改变（Barange 和 Perry，2009）。预计全球热带地区和沿海地区的海洋鱼类数量将大幅减少（Cheung 等，2010）。

全球气温在4℃或以上，加上食物需求增加，将对全球和区域的粮食安全构成巨大风险（Porter 等，2014）。一般来说，低纬度地区面临的风险更大。

➲ 插文6　气候变化对农业生产和消费的影响调查：模型比较研究的最新结果

评估气候变化对农业的影响需要综合使用气候、作物和经济模型，经济模型必须考虑不同领域（包括管理决策、土地使用选择、国际贸易、价格）和消费者对变化状况的反应。Nelson 和他的同事设计了一个通用框架，比较代表性浓度升高到RCP8.5情景（这是政府间气候变化专门委员会的最高浓度情景）下9个模型的结果（见1.1），但未考虑二氧化碳对作物的施肥效应。

作者比较了气候变化冲击对4类作物（粗粮、油籽、小麦和水稻）总产量的外生影响，这4类作物收获面积约占全球的70%。气候变化冲击使产量平均下降了17%。经济模型随后将冲击效应转化为内生变量。生产者通过强化管理实践来应对与冲击相关的价格上涨，导致最终平均单产下降11%，平均播种面积增长了11%。单产下降和面积增加共同导致总产量平均下降仅2%。消费量略有下降，平均下降3%。贸易份额的变化在地区间抵消了，但全球贸易量占产量的份额平均增长了1%。生产者价格平均上涨了20%。所有模型的响应方向是一致的，但不同模型、作物和地区的响应程度差异很大。尽管平均来看对消费的影响相对较小，但由于全球需求缺乏弹性而导致的价格上涨可能会显著增加贫困人口的食物成本，尤其是对农村贫困人口的负面影响更加严重，因为气候对生产的影响导致他们收入下降。

研究表明，气候变化冲击的很大一部分转移到了生产和贸易方面，这意味着气候变化的影响不仅限于对生物物理的影响。

资料来源：Nelson 等（2014）。

1.5.2 可获得性

关注气候变化对全球饥饿和营养不良人口数量影响的模型相对较少。农业模型比较与改进项目框架有助于缩小不确定性，理解造成不同模型结果差异的原因，预测气候变化对粮食安全的影响（见插文7）。政府间气候变化专门委员会（2007）第四次评估报告估计，在气候变化的不同情景下，2080年全球将有2亿～6亿人口可能遭受饥饿（Yohe等，2007）。Nelson等（2009）基于3种经济发展情景和5种气候变化情景组合出15种气候变化情景，在这些情景下，他们发现到2050年，经济增长对全球粮食安全的影响远远大于气候变化，尽管气候变化确实增加了对粮食安全的负面影响。他们预测，在不同的经济增长和气候变化情景下，由于人均能量可获得量发生变化，营养不良儿童数量会增加。他们同时发现，相对于基准情景，营养不良儿童的增幅为8.5%～10.3%。他们的发现也表明，到2050年，全球食品贸易模式的改变可以缓解气候变化的负面影响。Hertel、Burke和Lobell（2010）使用可计算的一般均衡模型来分析气候变化对粮食安全的影响，重点关注到2030年气候变化对产量影响预测的分布。研究结论强调了收入来源对粮食安全影响的重要性：对产量产生较大冲击的情景也会导致食品价格上涨，这有利于净出口商和销售商。相反，生产率增长较高的情景会导致食品价格下降，这对卖家和买家有不同的影响。

➡ 插文7　农业模型比较和改进项目

农业模型比较与改进项目（AgMIP）是一个连接气候、作物、牲畜和经济的框架。它包括从田间到区域的分析，包括作物、经济模型的比较和改进活动，以及具有指导性的气候敏感性测试模拟和气候变化情景的模拟。政府间气候变化专门委员会已经使用了这些结果。

农业模型比较与改进项目框架有助于缩小不确定性，理解造成不同模型结果差异的原因，预测气候变化对粮食安全的影响。例如，Von Lampe等（2014）和Nelson等（2014）比较了世界上10个主要的全球经济模型，对于所选择的特定气候冲击，所有模型均显示，随着产量下降、受影响面积增加、消费略有下降，所有地区的所有农产品价格都将上涨。但价格上涨的程度因模型而异，差异非常大。这些差异取决于模型结构和参数选择。

气候变化的风险不仅涉及保障粮食安全的生产能力，也涉及贫困人口收入和食物购买能力的潜在增长，市场扰乱的风险，对供应和储存系统的影响，以及对农业稳定性、农村收入和营养成分的影响。

风险最大的人口是那些依赖农业和自然资源谋生的人口，特别是那些最脆弱的人口、赖以生存的系统受影响最严重的人口和贫困人口。

据世界银行统计，2015年全世界仍有8.36亿人生活在极度贫困之中（不到1.25美元/天）。据国际农业发展基金称，极度贫困的人口中至少有70%生活在农村地区，他们绝大多数部分（或完全）依靠农业为生。据估计，发展中国家5亿小农户支撑了近20亿人口，亚洲和撒哈拉以南非洲地区的小农生产的食物约占全球食物消费量的80%。农村贫困人口通常部分依靠森林谋生（世界银行，2002）。据估计，6.6亿~8.2亿人（渔业从业人员及其家属）完全或部分依靠渔业、水产养殖业和相关产业作为收入来源（粮食安全和营养高级别专家组，2014）。

以森林为基础的就业和森林产品的销售，包括从森林采伐或在农场生产的木材、薪材和非木材林产品，是农村家庭用来购买食品的主要或补充收入来源。

贫困人口往往对林产品依赖程度更高。一项关于非洲南部林地的研究引用了几项研究的成果，这些成果显示了对林地的高度依赖，在赞比亚的不同地方，森林收入占总收入的比例为10%~50%不等，在津巴布韦这一比例为15%（Dewees等，2011）。该研究指出，在贫困率高的地区，林地发挥着重要的安全网作用。

在粮食不安全和不平等现象严重的地区，干旱频率的增加尤其会影响贫困家庭，并可能对妇女（考虑到她们的脆弱性和获取资源方面受到的限制）造成更加严重的影响（政府间气候变化专门委员会，2014b）。气候变化尤其会使原住民处于高风险之中，因为他们依赖环境及其生物多样性来维护他们的粮食安全和营养，特别是生活在那些预计气候变化会带来严重影响的地区，如山区、太平洋岛屿、沿海和其他低洼地区、北极地区（政府间气候变化专门委员会，2014b）。水产品的获得将受到许多因素的影响，包括生计、捕捞、养殖机会的改变，其他部门转移的影响（即替代食品价格上涨），供应方竞争、信息不对称的影响。僵化的管理措施也可能产生影响，这些措施在时间和空间上限制了资源的获取（见插文8）。

气候变化也会对离冲击最初发生地较远的人群的粮食安全产生影响，特别是通过食品价格上涨和波动。在不考虑二氧化碳影响的情况下，到2050年，温度和降水量的变化将提高全球食品价格（Nelson等，2014）。

🔵 插文8 气候变化对渔业部门食物安全的连锁影响

资源分布、物种组成、生产力、风险和栖息地的变化将改变渔业的实践和水产的运营，以及码头、养殖和加工设施的位置。

极端事件将影响基础设施，包括码头、养殖地点、收获后设施和运输路线。它们也将影响海上安全和居民点的安全，居住在低洼地区的社区风险更大。

水资源压力和对水资源的竞争将影响水产养殖和内陆渔业生产，有可能增加用水活动之间的冲突。

必须调整生计战略，例如捕鱼时间的改变导致了渔民迁徙模式的改变。

渔业部门内外生计选择的减少，特别是在沿海地区，将迫使渔民改变职业，这可能增加他们的社会压力。

生计多样化是面对冲击时风险转移和减少的公认手段，但多样化选择的减少将对生计造成不利影响。

还有性别特定的风险，包括资源获取的竞争、极端事件的风险以及营销、分销和加工等领域的职业变化（目前女性主要在这些领域从业）。

1.5.3 使用性

气候变化对营养潜在影响的研究较少。有几种影响途径是可以确定的。如上所述，气候变化将通过食品价格的上涨和波动影响小规模食品生产者的生计和收入，以及贫困的净食品购买者的生计，限制这些人口食品消费的数量和质量。他们也可能减少卫生支出，卫生支出对营养有潜在影响。Lloyd、Kovats和Chalabi（2011）使用Nelson等（2009）的营养不良人口数据，预测到2050年，中度发育不良的人数增幅为1%~29%，严重发育不良的人数增幅为23%（中非）~62%（南亚）。

对那些易受气候变化影响的农村居民和土著居民来说，可能会减少某些在饮食中发挥关键作用的食物的生产和消费，如鱼类、水果、蔬菜以及野生食品。气候变化对这些产品的影响我们还知之甚少。到目前为止，研究主要集中于谷物产品。需要更好地理解气候变化对非谷物产品、蔬菜和野生食物造成的影响所带来的全部营养后果，所有上述食物在均衡的饮食中都具有重要作用，但它们也都面临风险（政府间气候变化专门委员会，2012a；Barucha和Pretty，2010）。例如，目前捕捞渔业和水产养殖为全球30亿人提供了至少20%的人均动物蛋白摄入量，为另外13亿人提供了至少15%的人均动物蛋白摄入量。水产品的使用和产生的营养益处将受到以下因素的影响：供应品种和质量的变化、市场链中断、更大的食物安全问题和减少的消费优选产品的机会。这对于人均鱼类消费量高的国家尤为重要，例如小岛国（FAO，2008）。

研究还指出，二氧化碳浓度升高造成了食物特别是谷物和木薯粉营养质量的变化，比如蛋白质和某些矿物质如锌和铁含量降低（Porter 等，2014）。这种影响不是必然会转化为对营养的影响，因为它通常与增产相关，而增产本身也会导致食物摄入量增加，通常这是主要关心的问题（Porter 等，2014）。然而，一些作者指出（Myersr 等，2014），在一些国家，人们70%的铁或锌来源于碳三谷物或豆类，而在蛋白质主要来源于植物的国家，蛋白质含量的下降可能会导致严重的健康后果。预计气候变化会降低水质，即使经过了常规处理，也会对饮用水质量带来风险（Jimenez Cisneros 等，2014）。这可能会加剧与水有关的疾病，减少食物吸收。据世界卫生组织（2014）预测，气候变化会导致腹泻增加，主要影响低收入人群。

气候变化也会影响粮食安全，特别是食源性疾病的发病率和流行性。在欧洲，霉菌毒素和农药残留已被认作气候变化影响带来的主要问题（Miraglia 等，2009）。Tirado 等（2010）考察了食品链各环节对食品污染的潜在影响，并提出了适应战略和研究重点，以应对气候变化对食品安全的影响。持续上升的温度也有助于雪卡毒素（CFP）在生物体内的扩散，这主要发生在热带地区，是与鱼类消费相关的最常见的非细菌食源性疾病（政府间气候变化专门委员会，2013）。小安的列斯群岛（Tester 等，2010）和太平洋的托克劳、图瓦卢、基里巴斯、库克群岛和瓦努阿图（Chan 等，2011）已经观察到雪卡毒素发生率上升。《国际食品研究》杂志发表了一期关于气候变化对食品安全影响的专论（Uyttendaele 和 Hofstra，2015），从多个视角探讨这个话题。总体而言，文章认为气候变化会削弱食品安全，需要更多的研究来更好地理解这些问题并制定适应策略。

1.5.4　稳定性

气候变化的增加、极端事件频率和强度的增加，以及缓慢持续的变化将影响食物供应、获得和使用的稳定性。食物供应的稳定性将受到季节性变化、生态系统生产力差异增大、供应风险增加和供应可预测性下降的影响，这些问题也可能对供应链成本和零售价格产生巨大影响（FAO，2008）。例如，英国和美国极端天气和全球粮食系统弹性特别工作组报告（全球粮食安全计划，2015）显示，极端天气造成的严重"生产冲击"，即全球食物生产受到严重破坏，随着世界气候和全球食物供应体系的变化，在过去可能百年一遇，在未来几十年可能每30年一遇。

依靠农业谋生的人口收入不稳定、粮食价格上涨和波动加剧将威胁他们是否有足够的资金购买食物。在一些地区，尤其是因交通等因素难以获得食物的内陆国家和小岛国，这种情况会更加复杂，在极端事件的情况下会进一步恶化。在许多地方，森林食品包括野味和森林植物，是对人们营养至关重要的蛋白质和微量营养素的来源。在食物短缺的时候它们就显得更加重要。在气候变化对作物和牲畜生产产生负面影响的情况下，对森林"饥荒食物"的依赖可能会增加。除了通过上述途径对营养产生影响之外，干旱和洪水也会严重影响饮用水供应的可靠性。

1.6　结论

气候变化正在并将日益增加对粮食安全和营养的影响。通过对农业生态系统的影响，它影响农业生产，影响依赖农业生产的人口和国家，并最终通过价格波动影响消费者。气候变化对粮食安全和营养的影响是气候变化本身以及食物系统潜在脆弱性的结果。它们可以被描述为从气候到生物物理、经济社会、家庭和粮食安全的"连锁影响"。在每个阶段，脆弱性都会加剧影响。

这可以得出以下重要结论：

（1）首先受影响和受影响最严重的，是生活在容易受气候变化影响地区的最脆弱人口（贫困人口），他们的生计容易受气候变化影响。

（2）降低脆弱性是降低对粮食安全和营养最终影响的关键，以及降低长期影响的关键。

（3）对于最脆弱的人口而言，他们感受到的气候变化对粮食安全和营养的第一个和主要影响，是降低了他们食物的可获得性和稳定性。

从农艺角度看，作物和其他物种生长的有利条件将在地理上发生变化。因此，优化这些条件将需要改变作物和其他栽培品种，迁移作物的地理位置。即使受益于气候变化的潜在积极影响，例如一些寒冷地区的生长季节变得较长，大多数时候人们也需要对农业系统和生产实践进行重大改变，才能将这种积极影响有效地转化为产量增长。此外，气候条件的这些变化将随着其他生物参数（如病虫害）的变化而变化，这会抵消气候变化的好处。

2 在气候变化背景下确保粮食安全和营养良好：选择和经验

在本章中，我们将讨论在气候变化的新挑战下，为确保实现全球粮食安全而需要采取的行动。正如本报告第1章所述，气候变化可以以多种方式影响粮食安全和营养，其中大多数时候因潜在的脆弱性而加剧。因此，减少气候变化对粮食安全和营养影响的一个关键途径是减少这些潜在的脆弱性，并增加粮食系统从田间到家庭的弹性。弹性可以被描述为系统、社区、家庭或个人预防、缓解或应对风险的能力以及从冲击中恢复的能力。乍看之下，弹性只是脆弱性的对立面，但重要的是它也包含了适应能力，这就为脆弱性增加了一个时间维度：当一个系统随着时间的推移更加不容易受到冲击的影响，在受到冲击影响时能够及时恢复，这样的系统就具有了弹性。适应能力包含两个维度：从冲击中恢复的能力和对变化的反应能力。这两个维度在弹性中发挥着至关重要的作用，既能从冲击中恢复过来，也能适应变化，从而确保系统的"可塑性"（图3）。针对每一种类型的风险，可以通过减少暴露、降低敏感性和增加适应能力来增加弹性。可以在生物物理、经济或社会等多个领域采取行动。增强弹性的一种方式是，减少不同类型、不同规模和不同领域之间的冲击传导，并针对不同规模和不同领域的冲击进行补偿，以避免风险的累积效应和长期影响。

从动态的视角看，弹性更强调系统长期的恢复能力和自我变革能力，以适应变化的环境。因此它意味着不仅需要考虑冲击相对于平均水平的变化，而且需要考虑平均水平本身的变化。最终的问题就是：一个系统在变为其他类型系统之前对冲击的适应程度。建立弹性需要多个层面和多个维度的行动，包括生态、技术、经济和社会维度，涉及多种类型的参与者和有利的治理环境。重要的是，它还需要整合考虑不同的时间框架，以及在田间生产层面产生积极影响的特定行动所需的时间。

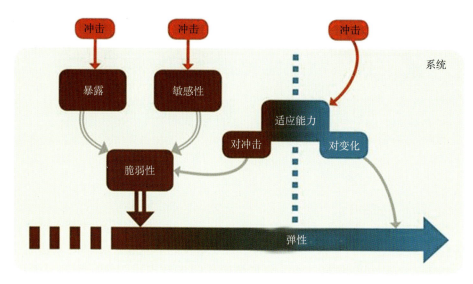

图3 脆弱性和弹性
资料来源：Gitz 和 Meybeck（2012）。

本章介绍了应对气候变化对粮食安全和营养造成风险的潜在手段。第一节是在家庭层面，考虑如何根除极端贫困和饥饿。这些努力需要得到灾害风险削减、管理战略和计划的支持。第二节研究如何使农业系统更具弹性。第三节研究一个有弹性的农业发展系统如何支持这些变化，以及采取什么样的手段和工具来支持这些变化。第四节研究有利的环境，以及在国家和国际层面适应气候变化所需的政策和制度。结论部分旨在总结当前需要采取的行动以及由谁来执行这些行动，建立粮食系统对气候变化的弹性，确保现在和将来的粮食安全。

2.1 提高生计的弹性

本节从粮食安全和营养开始，从家庭层面考虑如何根除极端贫困和饥饿，以及如何通过有效的灾害风险降低和管理（DRRM）策略和计划来支持这些努力。本节的重点是建立生计型农业的弹性，因为生计型农业是全球粮食不安全面临的主要挑战，必须得到满足，同时生计型农业也是一个非常容易受自然极端事件和气候变化影响的领域。农业为大约45%的劳动力提供了就业（包括正式和非正式就业中的有偿和无偿劳动者），在中低收入国家，农业劳动力中女性约占43%（FAO，2015f）。但是，农业在这些国家中只占GDP的10%左右，这意味着农业部门就业人员的人均产出低，收入也低。事实上，农村地区的粮食不安全率最高。大约5亿粮食不安全人口在非洲和南亚（FAO，2015g）；这些地区对于实现全球零饥饿至关重要，不仅因为当前它们的粮食不安全人口比例高，还因为它们被认为是受气候变化影响最大的地区之一。在这两个地区，生计高度依赖于农业，贫困人口和粮食不安全人口的很大一部分直接或间接依赖于农业。

要在气候变化下的背景下实现全球粮食安全，我们所说的有弹性的生计到底指的是什么？是指这样一种生计：以一种能够抵御、恢复和适应其所面对的气候风险的方式，支持参与者提高收入、获取和利用食物。从本质上讲，这就要求目前贫困和粮食不安全人口的生计得到改善，使他们摆脱饥饿和贫困，要求建立改善途径，使他们即使在面临气候风险的状况下也有持续获得利润的能力。

3家总部位于罗马的机构（FAO、国际农业发展基金和世界粮食计划署）最近表示，可以通过将社会保障领域的公共投资，以及公共和私人部门的努力结合起来，以提高生产部门特别是农村地区，尤其是农业部门的投资水平，到2030年消除贫困和饥饿是可能的（FAO/国际农业发展基金/世界粮食计划署，2015）。2016—2030年，平均每年需要2 670亿美元（即2014年世界经济产出的0.3%）用于资助社会保障和额外定向扶贫投资，其中农村地区每年需要1 810亿美元的投资。从长远来看，需要额外的投资来刺激和维持农村地区更高的、有利于贫困人口的、性别包容的收入和就业增长。要实现上述目标，城市和农村地区，对包括农业的投资需要更有针对性，以便贫困人口获得足够的收入来克服贫困。从长远来看，随着投资使贫困人口的收入增加，对通过社会保障来缩小贫困差距的需求会减少。

正如本报告前面所述，在确定消除饥饿所需采取的行动时，气候变化带来了另一个不确定因素。气候变化可能对贫困发生率高和粮食不安全地区的农业生产力和人类福祉产生负面影响，这些地区也是食物和生计对农业依赖程度最高的地区。但是，如第1章所述，气候变化的风险也会影响收入的潜在增长和贫困人口购买食物的能力，市场中断的风险、对供应和储存系统的影响、对农业和农村收入稳定性的影响以及营养成分的影响，都会对粮食安全产生影响。

气候变化通过食品价格上涨强化了对贫困和粮食安全的影响，由于贫困人口对食品的支出占比更高，因此价格上涨对他们产生了更大的负面影响（FAO，2011d）。净食品购买者和净食品销售者在各国的分布差异很大，预计这种差异会随着各国经济的发展而发生变化（Aksoy等，2010；FAO，2011d）。

气候变化对消费模式和粮食安全其他非生产要素的潜在影响的研究仍然比较薄弱（政府间气候变化专门委员会，2014a）。然而，人们会认为，城市贫困人口和农业生产者（不是净食品购买者）仍然特别容易受到气候变化不利的影响，这意味着在气候变化背景下，需要提高社会保障的覆盖面。这也表明，现在为提高脆弱人群收入的投资（以一种对当前和未来气候变化的影响具有弹性的方式进行投资），对于实现有弹性的生计至关重要。

2.1.1 制定适当的社会保障战略

为了打破贫困和饥饿的恶性循环，必须通过社会保障来帮助极度贫困和饥饿的人群[①]。充分和精心设计的社会保障将使这一类人能够迅速克服贫困、饥饿和营养不良，以及应对气候风险给家庭带来的一些主要脆弱性。

获得食物是迄今为止最重要的基本需求。在许多国家，最低的基本食品支出占贫困线收入的大部分。通过社会保障提供给贫困和饥饿人口的收入，可以使他们有钱购买足够的食物来满足他们基本的营养需求。社会保障涵盖了广泛的政策工具和政策目标，包括安全网和所谓的"安全绳"，即为贫困人口和弱势群体增加创收能力和机会的机制。如果针对女性的需求设计社会保障计划，这些措施效果将非常明显（粮食安全和营养高级别专家组，2012）。

"实现零饥饿"报告（FAO/国际农业发展基金/世界粮食计划署，2015）预计，在2030年前，通过扩大安全网计划的覆盖范围（资金已经到位）可以提高粮食不安全人口的收入。在此期间，安全网的年均支出为1 160亿美元，预计气候变化引起的农业减产不太可能对这些额外的安全网支出产生重大影响。另外，在一些地区，由于气候变化导致农业生产的波动增加，可能会凸显安全网在减少饥饿方面的重要性和需求。但是，很难估计这会导致安全网的投资需要增加多少（Thornton等，2014）。

社会保障可以采取多种形式，从现金转移到学校膳食到公共岗位。当针对最贫困和最脆弱的群体时，这些政策本身可能被视为社会保障干预。促进农业生产的政策（如投入补贴）在一定程度上也可能具有社会保障功能，因为它们有助于减少小农家庭在价格波动中的脆弱性。社会保障计划可以帮助建立生计的弹性，主要是通过提高家庭成员的营养、健康和教育水平的方式，这反过来又提高了他们参与生产活动的能力。社会救助计划在风险管理、家庭和个人

[①] 社会保障包括三大部分：社会救助、社会保险和劳动力市场保护。社会救助计划是公开提供的有条件或无条件的现金转移、实物转移或公共岗位计划。社会保险计划是供款计划，为影响家庭福利或收入的指定意外事件提供保险。劳动力市场保护计划提供失业福利，掌握技能并提高工人的生产力和就业能力（FAO，2015f）。在本报告中，主要是社会救助计划。

的整体弹性方面发挥着重要作用，它们已被证明对风险应对策略具有积极而显著的影响。社会保障计划的参与者不太可能采取"坏的"应对策略，例如减少食品消费或出售生产资产，"坏的"应对策略可能导致他们长期的收入减少和粮食安全水平下降（Asfaw等，2014；2015a,b；Daidone等，2014a,b）。

根据FAO（2015f）报告，在大多数地区，农村贫困家庭比城市贫困家庭更需要社会救助。但是，在南亚和撒哈拉以南非洲的农村地区，这些救助计划的覆盖率很低，分别只有约30%和20%，而拉丁美洲和加勒比地区则约为70%（FAO，2015f）。

社会保障可以改善食物的获取途径，既可以通过直接提供收入支持（这会对家庭的粮食安全和贫困立即产生影响）的方式，也可以通过支持农民克服流动性限制、增强人力资本和刺激当地经济就业的方式（粮食安全和营养高级别专家组，2012b；FAO，2013a）。通过确保可预测性和规律性，社会保障工具使家庭能够更好地管理风险，并参与更有利可图的生计和农业活动之中。当这些工具直接针对女性时，女性不仅被赋予了权力，而且会改善整个家庭的福利，因为她们在管理家庭食物、营养、子女教育和福利方面发挥着重要作用。

贫困家庭的大部分收入都用于食品支出，有大量的证据表明，社会保障干预措施可改善家庭粮食安全和儿童营养。对现金转移计划的综合评估发现，20项研究中有17项报告指出食物摄入量、食物多样性和食物质量均有增加，所有这些都对粮食安全做出了重要贡献（Tirvayi，Knowles和Davis，2013）。现金转移计划还导致了儿童营养不良的减少，尽管这种影响受到了儿童营养状况的其他决定因素的影响，其他决定因素包括获得保健服务、饮用水、卫生习惯以及家庭和父母的特征。受益于巴西家庭补助计划（Bolsa Familia）的儿童出现营养不良的概率比没有受益于该计划的儿童低26%以上（Paes-Sousa，Santos和Miazaki，2011）。在哥伦比亚，对贫困人口的现金转移"大大增加"了食物消费总量，特别是增加了富含蛋白质食物如牛奶、肉类和鸡蛋的消费量。马拉维共和国现金转移计划的受益家庭现在每周吃3次肉或鱼，而之前他们每3周才吃一次（Hanlon，Barrientos和Hulme，2010）。Hidrobo等（2014）综述了社会救助计划对家庭粮食安全的影响，他们回顾了48项社会保障研究，其中39项包含社会救助，发现相对于基准水平来说，社会救助对能量摄入量和食物消费/支出的平均积极影响分别为13%和17%。他们还发现，有证据表明某些计划改善了饮食多样性，特别是在动物产品消费方面（FAO，2015f）。

已经发现，社会保障计划通过多种途径为农村生计的弹性做出了贡献。如上所述，其中最重要的一点是提高了应对风险的能力和避免贫困陷阱的能力。但同样重要的是，它们会对家庭投资决策产生影响，这将影响生计的长期收益（粮食安全和营养高级别专家组，2012b）。提供现金的社会保障计划可以帮助家庭，特别是妇女克服面临的信贷限制，而信贷限制是改善投入和生产方式投资面临的共同障碍。重要的是，已经发现社会保障计划对当地经济产生了积极的溢出效应。有额外的收入（通常是非受益于社会保障的家庭）用于商品支出，这些商品包括畜产品、初级农产品、家庭产品及服务，这些产品和服务可能只在当地生产和提供。其中许多产品只在小区域内交易，要么是因为它们容易腐烂，要么是因为运输成本高，因此对当地经济有强烈的正效应。

除了直接收入支持外，社会保障计划对农户的农业投资决策也有重要影响，因此长期来说对食物的可获得性具有积极影响。例如，撒哈拉以南非洲大多数社会保障计划受益者的生计，主要依赖于农业和农村劳动力市场，而且在可预见的未来这种趋势仍将持续。当地的劳动力市场往往不会为克服贫困提供很多机会，因此贫困家庭倾向于自谋职业。此外，大多数受益者生活在信贷、保险、劳动力、货物和投入品市场缺乏或运行欠佳的地方。在这种情况下，如果社会保障是定期提供的和以可预测的方式提供的，它就可以帮助家庭克服信贷和劳动力限制，更好地管理风险。这反过来有助于促进更多的生产性投资、改善市场准入、刺激当地经济活动和创造就业机会，并提高适应能力。最近对撒哈拉以南非洲地区包含现金转移的12项社会保障计划的评估表明，参与该计划能够有效地增加家庭在投入品、工具和生产系统方面的投资，但效果因国家和计划设计而异（FAO，2015f）。

在气候变化导致风险暴露程度越来越高的情况下，社会保障计划的风险管理功能显然将发挥重要作用（粮食安全和营养高级别专家组，2012b），因为这种社会保障计划在适应战略中可能发挥潜在的关键作用。气候变化通过扩大风险暴露的家庭数量，以及加深家庭已经面临的风险，预计将增加食物不安全的脆弱性，因此面对气候变化对粮食安全的影响，社会保障甚至可能成为更加重要的工具。除了在减少与气候变化相关危害的脆弱性方面发挥重要作用之外，社会保障计划还可以增强家庭投资于适应气候变化和有效管理自然资源的财务能力和人力资本能力，正如《粮食安全和气候变化报告》所述（粮食安全和营养高级别专家组，2012）。

社会保障计划还可以通过纳入环境目标标准，将收入贫困和粮食安全以及对气候相关风险的评估结合起来，进一步降低气候变化带来的特定脆弱性。特别是对于可预见的危害，可以在社会保障管理和有预警功能的信息系统之间建立有效的联系，确保社会保障计划在危机发生时能够覆盖更多的受益者。

然而，单靠社会保障还不足以产生长期的减贫能力，或者为农村贫困家庭创造安全稳定的食物。为了实现这一目标，支持农业增长的投资也是必要的。目前，社会保障、灾害风险管理、农业、渔业、林业以及气候变化政策通常并不完全协调，有证据表明，通过更好的协调，这些政策将发挥更大的效应（FAO，2015f）。

2.1.2 应对性别相关的脆弱性

越来越多的证据表明（世界银行/FAO/国际农业发展基金，2015），需要更好地考虑性别特点，以应对男性和女性在脆弱性和适应能力方面的差异。这些研究表明，应收集和分析按性别分类的数据、气候变化对不同性别影响的定性和定量分析、性别特定的适应性需求，以及适应能力提高带来的好处，这些都非常重要。

此外，了解男性和女性在粮食安全和营养方面的作用，包括他们在食品生产和加工，以及农业管理中的作用，也很关键。识别和记录男性、女性和年轻人对与气候风险有关的粮食不安全的看法和应对策略很重要。

男性和女性对旨在实现更可持续农业发展的干预措施的参与，及从中受益的效果，受到社会规范、家庭内部决策和讨价还价行为的严重影响。家庭层面的分析表明，同一家庭中男性和女性追求不同的生计是很常见的。此外，女性和男性的技术和生产管理选择也大不相同（世界银行/FAO/国际农业发展基金，2015）。在制定针对气候变化的政策和计划时，需要对性别问题进行系统分析和处理。

有令人信服的证据表明，当女性开始承担决策责任并掌控其收入时，收入中用于家庭营养和儿童教育的比例更大，从而惠及整个家庭。因此，现在一致认为，气候变化应对战略、计划和项目的设计和实施必须充分考虑性别差异。

2.1.3 在适应气候变化的背景下，减少粮食安全和营养方面的灾害风险

建立弹性需要改变传统的减灾方法，并优先考虑减少风险和积极管理风险，而不是仅限于对极端事件做出反应。实地调查的证据表明，灾害风险降低（DRR）是划算的做法：灾害风险降低支出每增加1美元，避免或减少灾害所得到的回报就能达到2～4美元。但是，主动降低灾害风险的投资，特别是用于农业减灾的投资还非常低。所有人道主义资金中，用于防灾备灾的资金年均不到5%；对于那些最需要这类资金的国家来说，这一比例还不到1%。2010年和2011年，所有部门获得的官方发展援助（ODA）中，用于灾害风险降低的投资仅为0.4%（联合国国际减灾战略/经济合作与发展

组织，2013）。

为实现可持续发展，预防和准备应对目前和未来的极端气候事件是适应气候变化，开展有效、人道主义和发展工作的基本先决条件，这不是可选项，而是必选项。

FAO通过类似于日本仙台减灾框架（SFDRR）的4个相互支持的支柱，在许多国家（见插文9）概念化灾害风险降低和实施灾害风险降低行动，这些国家经常遭受极端气候和其他事件的影响，这些国家以综合和需求响应的方式对灾害风险降低进行阐述和处理：①通过强化能力、加强灾害风险和危机治理的法律和规划框架来创造有利的环境；②通过特定部门的风险监测和预警来了解风险并为决策提供信息；③通过有地域针对性的措施来预防和减轻自然灾害的影响；④加强备灾和应急反应的能力、协调和规划，并在恢复期间建设得比以前更好。

➡ 插文9 灾害风险降低和管理（DRRM）的一些例子

农业灾害风险降低和管理的权力下放——菲律宾强化风险管理工具和能力的例子

2010年，比科尔地区农业部门（DA）成立了灾害风险降低和管理技术小组，从FAO获得技术建议。在FAO和中央比科尔国立农业大学（CBSUA）的支持下，该小组协调制定了灾害风险降低和管理农业区域行动计划和15个社区发展计划，这些计划经过各市和各镇的正式批准，并根据DRRM 10121号政府法案操作执行。农业部门和气象机构（PAGASA）的合作协议要求定期发布农业气象信息公告，以通知农民在作物季开始之前选择要播种的作物，并在整个作物季中每月提供与天气相关的管理建议。通过农民田间学校对灾害风险降低和管理良好实践技术方案的试点测试，提高了反复发生易发灾害的社区采取预防和缓解措施的意识，例如使用新推出的耐淹没和耐盐的稻谷品种。基于网络软件开发的应用程序，通过季节性更新的田间数据和现有地块规模数据，可以监测4种主要商品（稻谷、玉米、蕉麻和椰子）的生长状况。它可以发布作物周期内任何时间代表性作物的状况和数值。标准化的方法提高了农业的精准性并加速了损害数据的收集，从而更好地为社会救济和恢复计划提供信息。

农业灾害风险降低和管理行动计划——老挝参与规划制定的例子

老挝农业和林业部（MAF）承诺转向采取更加主动的灾害风险管理方法，并于2013年启动了互动式灾害风险降低和管理利益相关方磋商，从而制定了农业灾害风险降低和管理行动计划（2014—2016）。"行动计划"借鉴现有政策和监管框架中的关键优先事项，确定了农业、畜牧业、林业和渔业领域强化风险削减的优先事项和工作机制。FAO为利益相关方磋商，以及参与规划编制的灾害风险降低和管理的几个技术部门、农业和林业部的附属研究机构、自然资源与环境部、全国灾害管理办公室以及若干国际组织提供了便利。规划编制过程中，灾害风险降低和管理系统对4个地区进行了分析。在FAO的技术援助下，农业和林业部批准了该计划并在高风险省份实施了当前选定的重点行动。

中美洲农业理事会（CAC）对农业气候风险管理能力建设系统的升级

在中美洲农业理事会框架下，正在组建一个灾害风险管理和气候变化的技术小组，此举得到了FAO和其他几个主要区域性机构的支持，例如热带农业研究和高等教育中心（CATIE）、拉丁美洲和加勒比经济委员会（CEPAL）、国际热带农业中心（CIAT）、气候变化、农业和粮食安全研究署（CCAFS）、美洲农业合作研究所（IICA），旨在使农业气候风险管理能力建设计划在所有中美洲次区域内实现制度化和实施。其目标是加强促进政策的能力和改善项目投资，以降低风险和建立弹性。FAO对萨尔瓦多、危地马拉、洪都拉斯和尼加拉瓜的项目设计和试点进行了特别的支持。来自目标国家能力建设试点的经验教训将为地方层面的项目实施提供信息。主要活动包括组建农业气候风险管理委员会，以确定能力发展系统并领导其实施，提供知识管理平台，设计农业风险减灾的电子学习工具，以及在多米尼加、危地马拉、洪都拉斯、萨尔瓦多和尼加拉瓜地方层面（市政、推广服务的提供者、农民协会等）提供能力建设系统实施的培训课程。

弹性建设伙伴关系——非洲之角抗旱能力投资的一个例子

在政策宣传和加强善政的制度能力方面，政府间发展管理局（IGAD）和FAO已经开展了开拓性的工作。其形式是提高对抗旱能力的认识和政府间发展管理局抗旱和可持续性倡议（IDDRSI）。IDDRSI提供了一个共同的架构，通过区域规划文件（RPP）和国家规划文件（CPPs）对其架构进行了详细阐述。FAO通过其在该领域的多种专业知识，一直与政府间发展管理局合作编制国家规划文件，作为投资规划和决策制定的基础。政府间发展管理局和FAO在苏丹首都喀土穆和肯尼亚首都内罗毕组织了高级别的政策磋商，汇聚了部长、议会成员、州/县长、技术专家和民间社会组织，从而加深了所有关键参与方对国家规划文件中确定的优先干预措施的投资需求的理解。FAO将继续与政府间发展管理局在抗旱能力和可持续性倡议下合作，不仅以指导委员会成员的身份，而且作为技术合作伙伴支持各种抗旱和可持续性倡议得以实施。

2.2 建立农业系统的弹性

本节的目的是简要介绍农业系统中支持粮食安全和营养目标的适应措施的一些例子。需要牢记的是，实际执行的措施都是非常系统的，并依赖于当地的特定情况。本节将研究农业系统如何从农场、农作物到畜牧业，再到林业和渔业以及更大的视角来提高弹性。这里考虑增加农业系统弹性，其内涵有两个：增加食物系统的弹性和增加以农业为生计的家庭的弹性。同时，这也需要改善和稳定依赖农业的人口的收入。

近年关于适应能力和食物生产的文献大幅增加。适应框架一般分增量型和系统型，通常分别将它们与自主型适应或计划型适应相关联。但是，即使是增量型或自主型适应也需要得到促进、支持和激活，这需要适当的手段、制度和政策。增量型改变可能还需要特定的计划（见2.3和2.4.1）。

根据农业生态系统的类型，增量型改变的引入会更加容易或困难，花费的时间会更短或更长，这些变化发挥作用的时间也可能更长或更短。

此外，很重要的一点是，适应方案还需要考虑产量的可持续增长和潜在的减排效应，以满足人口增长和饮食变化带来的日益增长的需求。这就需要仔细评估提高资源使用效率和增加弹性之间的潜在平衡或协同作用。

2.2.1 作物系统

提高以农业为生计人口弹性的主要手段，是增加和稳定生产者从他们的生产系统中所得的获利，增加和稳定生产力是这项工作的一个基本要素。

农场主个人可以采取一系列措施进行调整，具体情况取决于个人情况。尽管如此，还是可以识别出具有广泛性的适应主题内容的（表5）。农场层面的适应措施可以得到其他部门措施的补充和支持，如农业研发和农业创新。他们经常需要农民与其他食品生产者进行交流，分享最佳做法和经验，并参与风险监测系统，加强以社区为基础的适应能力（见插文10）。

表5 农场层面适应气候变化的选择

风　险	应　对
气候状况改变、气候变异和季节改变	可能的话参与监测计划 优化种植时间表，如播种日期（包括原料和饲料） 种植不同的作物品种，使用成熟期较短的品种 可能需要具有不同环境优势的品种，或具有更广泛的环境耐受性的品种，应考虑使用目前被忽视或稀有的作物和品种 通过播种机械或干播技术的改进提前播种 增加品种或作物的多样化以对冲单一作物歉收的风险 使用间作 使用包含牲畜和水产养殖的综合系统来提高弹性 改变收获后的做法，例如改变谷物可能需要干燥的程度以及收获后如何储存产品 考虑新的天气模式对农业工人的健康和福利的影响
降水和水资源可获得性改变	可能的话参与监测计划 改变灌溉习惯 采取强化的水资源保护措施 使用小水资源和废水资源 更多地利用收集的雨水 在某些地区，降水量增加可能使之前无法耕作的地方可以进行灌溉或雨养农业 改变农艺实践 减少耕作以减少水分损失，类似地，掺入粪肥和堆肥以及其他土地利用技术，如覆盖作物可增加土壤有机质，从而提高水分保持率
干旱、风暴、洪水、山火、海平面上升的频率增加	可能的话参与监测计划 总的来说水资源保护措施在干旱时特别有用 使用抗水、抗旱或抗盐品种 改善排水、土壤有机质含量和农场设计，以避免土壤流失和形成沟壑 在可能的情况下，考虑针对极端事件增加保险
害虫、杂草、疾病、传粉媒介、生态系统服务的中断	可能的话参与风险监控和防范计划 利用专业知识应对现有病虫害 建立自然管制和加强生态系统服务

农作物管理方面的适应性变化，特别是种植日期、品种选择和灌溉增加，已经在不同程度上得到了研究。在许多地区，农民已经采取措施适应了变化的环境，其中许多是对现有气候风险管理做法的改变。Müller 和 Elliott（2015）发现，作物管理的适应性变化有可能使产量平均增加7%～15%，尽管这些结果强烈依赖于所选择的地区和作物。例如，根据政府间气候变化专门委员会（2007）报告，小麦、玉米和稻谷的反应各不相同，温带小麦和热带稻谷在适应方面表现出更大的潜在获益。

由于农业气候带可能向极地转移，在以前不适合种植的地方，例如俄罗斯、加拿大、斯堪的纳维亚的部分地区，种植可能将变得可行，尽管由于极端气候事件、水资源限制或其他障碍而存在其他限制，但这也只能弥补热带地区的部分损失。

开发具有耐热特性（如达到峰值温度）或耐旱的品种可能是一种解决方案，但育种需要8～20年才能完成，这就要求预先制定品种选择计划（Ziska等，2012）。

提高稀缺资源特别是水资源的效率，是建立有弹性的生计的一个重要方面。气候变化的主要影响之一就是改变了降水和水资源供应模式，因此为了保持生产力水平，应对水资源短缺（或过剩）的能力将显得非常重要。

通过加强农业用水管理（粮食安全和营养高级别专家组，2015），改善灌溉用水，改进灌溉技术和采水等技术，可适应日益增加的干旱和水资源短缺状况。投资决策需要考虑长期的需求、供水状况、体制机制和融资安排（见插文11）。还应考虑增强土壤水分保留的农艺措施，如少耕、农林兼作、增加土壤中碳和有机物含量等。新的耕作措施可以减少表层土壤暴露在空气中，减少蒸发，改善土壤湿度特性并降低对干旱和热量的敏感性。育种可以开发出新的栽培品种，使根系更快更深地向下伸展，以便从土壤中获得更多水分，或者更能适应在水下浸泡，在未来的气候状况下这种情况可能变得更加普遍。

⊙ 插文10　马里的农民田间学校提高应对气候变化的弹性

马里"将气候弹性融入农业生产以促进农村粮食安全"项目于2012年启动，建立在农民田间学校（FFS）害虫治理综合计划（IPPM）15年的田间专业知识基础上，得到了FAO的可持续农业项目支持，并由马里政府和全国利益相关者执行。

农民田间学校采用的方法是基于实践、干中学和合作原则的社区教育方法。通过每周实地学习课程，来自同一村庄的20～25名农民组成小组，整个学期将在无风险的环境下，测试创新和建立适应气候变化的能力。学习由导师指导，导师在之前也在一个学期中经历了相同的学习周期，了解了非正规教育的原则，同时指导现有适应气候变化的做法。因此，农民田间学校为农民提供了适应当前气候变化实践的理想学习平台，这些实践包括研究、推广和适合他们自身需求和背景的传统实践，这是有效适应当地气候变化的必要条件（FAO，2013c；Winarto等，2008）。

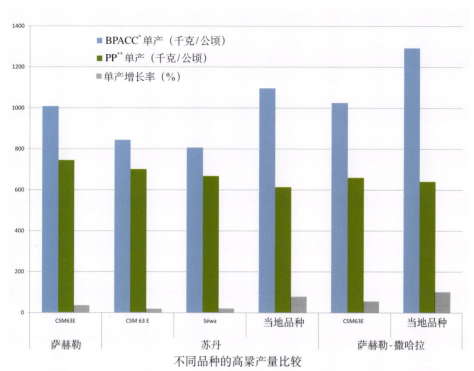

不同品种的高粱产量比较

注：*指适应气候变化的最佳实践；**指农民的传统做法；既对当地高粱品种和改良高粱品种进行了比较，又比较了祖传农业技术知识（当地传统生产技术）和通过农民田间学校引入的适应气候变化项目的技术。

马里项目建立在不断扩大的农民田间学校网络基础上，该行动得到了FAO和马里政府的支持，其目的是加强农民适应气候变化的能力。由于国家和地方当局的充分参与，该项目将农民田间学校教授的气候变化适应方法从9个社区（2012年）扩大到134个以上的社区（2014年）。其结果是，加强了16 237名生产者的能力建设，其中有妇女5 321名，在134个社区内的242个村庄采用改良品种，在3个农业生态区使用了13种改良或适应品种，包括高粱、豇豆、大米、小米和玉米；由4个农民组织管理和维护的4个新农林混合区开始运行，其中75%的成员是妇女。该项目还准备编制一份辅导员培训指南，该指南包含30个以上的农民田间学校教授的气候变化适应的最佳实践（FAO，2014b）。

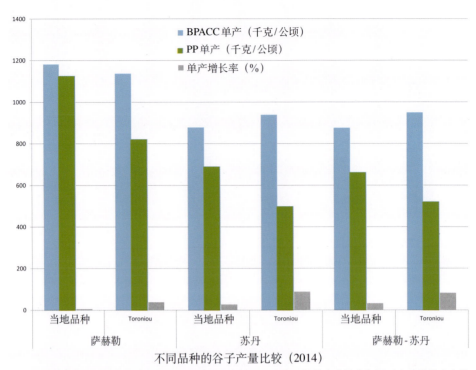

不同品种的谷子产量比较（2014）

注：既对当地谷子品种和改良谷子品种进行了比较，又比较了祖传农业技术知识（当地传统生产技术）和通过农民田间学校引入的适应气候变化项目的技术。

　　建立农业生态系统的弹性是确保它提供生态系统服务能力的关键。农业生态学被定义为：就如何研究、设计和管理农业生态系统提供基本生态学原理的学科，这些生态系统既是生产性的，也是自然资源保护性的，并且是文化敏感的、社会公正的和经济可行的（Altieri，1995）。建立农业生态系统的弹性对我们更好地理解和评估生态系统服务至关重要。建立农业生态系统的弹性可以强化农业生态系统，以提高它的自身效率和韧性。但是，气候变化正在改变生态系统内物种之间的关系。因此，迫切需要更多关于气候变化如何影响农业生态系统的研究。研究要建立在对当地特定情况的观察和监测基础之上，并建立知识共享机制，使农民能够为预测到的变化做好准备。2014年9月，由FAO组织的农业生态学与粮食安全和营养国际研讨会[①]，强调了农业生态学对气候变化的适应性和弹性的重要性。

　　适应气候变化的一个重要方面是增加生产系统内部的多样性。 这可以采

① http://www.fao.org/about/meetings/afns/en/。

取多种形式：以不同的方式集合不同类型的生产（作物、森林、鱼类和动物）；增加不同物种、种群、品种的数量；增加使用自身基因多样性的物质，如作物多系品种。这些不同的方法将有助于提供互补性、选择性和风险最小化策略，这在未来将变得越来越重要。找到将富含多样性的策略与未来的生产需求结合起来的途径，是未来的主要挑战之一，食物和农业遗传资源的改进、维护和利用将是应对这一挑战的核心（FAO，2015c）。

在建设有弹性的农场生计时，需要考虑的一个关键点是采取行动所需要的成本，特别是它对家庭层面资金流动的影响，因为这是家庭是否可以采取这些措施，以及它们是否有助于减少贫困和提高粮食安全水平的决定因素。例如，对于许多可持续的土地管理技术而言，需要增加劳动力，而获得的收益却可能无法充分补偿劳动力投入的增加。在某些情况下，问题在于为了做出改变而支出的成本发生在初始阶段，而收益可能大大延迟。退化生态系统的恢复可能需要更长的时间才能取得积极的回报，并且从生态系统恢复中所获得的预期收入将会产生很大的机会成本。一个典型的例子是退化牧场的恢复，其中包括减少甚至禁止放牧。

插文 11　开发评估灌溉投资需求的方法

FAO在分析和改进灌溉系统方面拥有丰富的专业知识，并开发了大量的分析工具和方法，来帮助确定灌溉系统的改进及其优先顺序。灌渠操作技术测绘系统和服务（MASSCOTE）主要包括详细和全面的灌渠现代化分析方法。通过运营单位和服务规划的函数分析，灌渠操作技术测绘系统和服务可为优化灌渠系统的性能提供量身定制的技术建议。但是，灌渠操作技术测绘系统和服务目前并未包含对投资需求的详细评估，也没明确灌溉系统的所有权结构，即灌溉系统的哪些部分由哪些实体（例如中央政府、市政府、灌溉公司、水资源使用者协会等）拥有或管理，以及所涉及实体的借贷能力或其信誉。考虑到需要扩大对灌溉改善的投资，2013年欧洲复兴开发银行（EBRD）和FAO共同努力，进一步开发灌渠操作技术测绘系统和服务工具，以便将其用于报告灌溉部门的投资活动，并确定灌溉投资的优先序。欧洲复兴开发银行和FAO正在开发另外一个"金融/投资分析模块"，以帮助确定灌溉系统的具体投资需求，并确定其优先顺序，以及私营部门参与此类投资的机会。这将有助于确定和量化特定灌溉系统的投资需求，并为灌溉系统升级提供投资框架。这个新模块将于未来几个月在埃及试运行。

2.2.2　牲畜和牧场系统

被认为最容易受到气候变化影响的地区，如撒哈拉以南非洲和南亚，也是农民和农村社区收入和生计最依赖牲畜的地区，预计这些地区的牲畜将为食物安全和营养做出更大的贡献。传统上，牲畜饲养者能够适应生计威胁，而且在某些情况下，牲畜饲养本身就是一种适应策略，特别是在牧区，牲畜一直是应对恶劣气候条件的主要资产（国际自然保护联盟，2010；Scoones，1996；Ashley 和 Carney，1999）。在作物歉收的情况下，畜牧业可以用于资产多样化和风险管理战略。此外，在一些地区，将作物转变为作物与牲畜混合，或转变到畜牧系统将成为主要的适应策略（Jones 和 Thornton，2009）。评估畜牧系统的弹性、未来增长的潜力，以及综合长期投资和及时政策干预的需求，对于为规划决策者以及为国际社会提供信息非常重要，这可以使他们更好地执行有效的和协调的行动，以适应气候变化。

在撒哈拉以南非洲干旱地区，FAO 与世界银行、国际农业发展基金（IFAD）、国际食物政策研究所（IFPRI）和法国非政府组织反饥饿行动（Action Contre la Faim）合作，评估了在气候约束下的畜牧生产，并提出了提高生产力和减少气候变异对畜牧业产量影响的干预措施。他们评估了在 2012—2030 年饲料供应的数量和质量，以及在不同气候和干预情景下饲料对动物需求的满足程度。结果显示，在与过去（1998—2011 年）气候状况类似的情况下，2012—2030 年饲料需求量的增长将超过 2.5 倍，在干旱的情况下将超过 3.5 倍。他们还表明，如果可以获得饲料资源，畜牧业就有增长的潜力，这就需要对动物的流动性（通道、安全、边界管理、健康、使用期限）和饲料管理（储存、加工、运输）进行干预，对干旱地区的牧场进行分级以减少放牧压力。如果饲料的可获得性得到改善，干预措施可以显著提高非洲干旱地区畜产品的产量（5%～20%）。气候变化对畜牧生产带来的冲击可以通过动物的迁移、饲料篮子的调整、健康干预和动物交易来缓冲：在基准情景下，尽管生物量的年际变异率达到了 16%，但动物摄入量的变异率降到了 7%～14%（这取决于干预措施），动物产量的变异率更是降至 1%～8%。因此，结果表明，畜牧业是牧区适应气候变化强有力的资产。

家畜的适应能力取决于畜牧生产系统，包括物种和品种的选择、备用饲料的可获得性或者说家畜对备选饲料的适应性、动物疫病防控状况、对疫病响应的状况（监测、补偿计划等）和家庭财富状况（ICEM，2013）（图 4）。

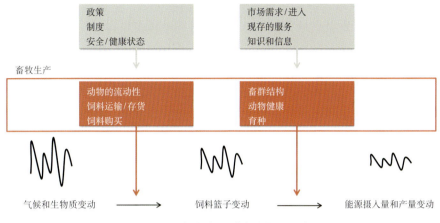

图4　气候变化对畜牧业的影响
资料来源：Mottet 等（2015）。

　　畜牧生产有一系列的适应性选择（表6）。它们有不同的维度：动物品种、饲养系统、生产系统和畜牧政策。它们在市场一体化程度低的小规模畜牧生产和市场一体化程度高的大规模生产之间也存在差异。

表6　畜牧业适应气候变化的选择

动　　　物	饲料和饲料作物	劳动力和资本
·水资源管理（如打井） ·耐旱、耐热和耐恶劣环境的品种 ·物种、品种和生产系统的转变（如小反刍动物、禽类） ·疾病控制和动物健康 ·凉爽（室内系统）或提供遮阴（如树）	·灌溉 ·采购饲料进行补充 ·培育能提高水分利用效率、耐旱、耐盐碱和耐水涝的饲料作物和饲料 ·改变作物耕作日历 ·农林复合 ·提高资源的流动性	·农场内外的多样化 ·保险 ·转移，如在本国或本地区的畜牧生产带范围内转移生产 ·制度变化（例如贸易、冲突解决、收入稳定计划）

　　特别是饲养牲畜，包括饲料作物和牧草培育是建立适应气候变化弹性的重要组成部分。许多牲畜品种已经很好地适应了高温和恶劣的环境（见插文12），但是这些品种的广泛传播或者将它们纳入育种计划还受到两方面限制：一是在结构化育种计划中，它们的特征和改进程度有限（Madalena，2008）；二是受到贸易限制（Gollin，Van Dusen和Blackburn，2008）。适应性能比生产性能更难研究和记录，它们的遗传性能较低，非附加遗传变异和表型变异水平较高，并且更容易受基因型与环境的交互作用影响（Frankham，2009）。

气候变化的速度可能会超过品种适应基因的能力，或者其饲养者调整其管理策略的能力。在某些地方，这可能会打破当地牲畜与其生产环境之间适应性的联系。如果出现这种影响，适应生产系统和动物遗传资源管理将是一项重大挑战，并可能增加将更适合的物种和品种迁移到新地区的需求。确保引进新品种的计划考虑到了气候、其他农业生态、社会经济状况及其预测的未来趋势至关重要。引入新地理区域的品种应具有一系列有利特征，因为仅考虑一种特征的品种引种尚未成功（Blackburn 和 Gollin，2008）。此外，需要改善与气候变化适应有关的投入和畜牧业服务。特别是对于动物遗传多样性，这需要：更好的品种特性、生产环境和相关知识；汇编更全面的品种清单；改进监测和威胁遗传多样性的响应机制；针对适应当地品种的高产和表现特性的遗传改良方案；更有效的就地和迁地保护措施；增加对发展中国家动物遗传资源管理的支持；更广泛地获取遗传资源及相关知识。

短期而言，饲料作物和草地灌溉、采购饲料是农场层面适应气候变化的直接应对机制。但长期而言，就需要培育水资源利用程度高、耐旱、耐盐碱、耐内涝的饲料作物和牧草。更系统地看，更长期的适应方案包括恢复草地或畜牧结构多样化；饲用树木和豆类灌木混养以提供替代饲料资源、遮阴和保水；动物和饲料的流动性。在放牧的生产系统中，这些长期适应策略与公共政策特别相关，应当受到公共政策的支持，因为这些长期适应策略能够解决已经非常稀缺的饲料资源变化，同时能够提供包括缓解温室气体排放或保护生物多样性的环境服务。

评估气候变化的影响是长期制定适应气候变化政策的先决条件（政府间气候变化专门委员会，2007；2014a）。Havlík 等（2015）指出，需要可以估算适应策略成本和收益的影响评估框架。这种框架应将重心放在牧草和饲料资源上，这对于更好地评估牲畜的适应需求至关重要。卫星图像的发展也可能有助于这项工作，它可以监测土壤水分、叶面积指数、对干旱或者牧场状况进行红外成像、监测供水点，这使得饲养者能够对存栏量和出栏量进行季节性的调整。这对早期预警系统具有潜在的重大意义。

最后，在适应气候变化方面需要提供更好的信息，因为不仅要适应气候变化本身带来的压力，而且还要适应其他相互交织的压力，如营养和疾病。

⊙ 插文 12　气候变化下的动物遗传资源状况

根据 FAO（2006）统计，共有 1 074 个品种被认为适应干旱地区。其中，中东 90% 的品种、非洲 56% 的品种、亚洲 42% 的品种适应干旱地区，而拉丁美洲这一比例只有19%。在上述4个地区中，适应干旱地区品种的平均占比为46%。这些品种中许多在多个地区都有生长。有记录的驴品种超过70%，绵羊和山羊品种大约50%，以及牛和马品种的30%可以适应干旱区（FAO，2006）。

据研究称，生活在干旱或半干旱地区、大草原或边缘地区的135个种群中，有81%被认为适应干旱或炎热的气候，或者炎夏寒冬的气候；生活在高山、高原和山区的108个种群中，53%被认为适应严寒和炎夏寒冬的气候。

物种适应极端天气的能力正变得越来越重要。一些种群可以在惊人的温度范围内繁衍。例如，在月平均温度为9～39℃的情况下，有158个种群可以继续生存繁衍，更有104个种群的温度承受范围达0～40℃。很明显，国家整体的月平均气温数据，特别是在面积较大的国家或者南北轴线较长的国家，无法反映局部地区的重大气候变化。高山、山地、干旱和半干旱地区以及大草原的种群被认为可以抵御−20℃的低温。另外，很多适应干旱和半干旱地区、山地、边缘地区以及恶劣环境的种群可以抵御40℃以上的高温。

大于70的温湿度指数（THI）通常被认为是热应激反应的触发水平（Bohmanova，Misztal和Cole，2007；Dikmen和Hansen，2009）。被研究的物种中共有9 748个物种种群（79%）生活在最热月份的平均温湿度指数大于70的国家；非洲和亚洲甚至有64个种群生活在平均温湿度指数超过90的国家。被形容为强壮、适应性强、耐旱的种群中，超过80%生长于温湿度指数在70～95的国家，说明它们能够适应温湿度指数高的环境。

需要注意的是，分析中使用的国家整体最热月份平均温湿度数据来自温度和湿度的均值，所以只能被认为是粗略的估计，因为它掩盖了每日和区域的变化情况。尽管研究方法还算不上完美，但研究结果依旧能够证明，温湿度指数高的国家具有发展耐高温动物品种的潜力。到目前为止，只有少数几个拥有发达的育种机构，以及研究、推广和人工授精服务的国家（例如澳大利亚、巴西、肯尼亚、南非和美国）可以培育商业用途的热带牛品种，或者适应热带条件的普通牛、瘤牛和杂交品种。对其他物种的适应性品种真正制定商业性繁育计划的国家就更少了（Madalena，2008）。大多数与气候适应有关的繁育项目是发达国家进行的商业品种繁育，其中大多是温带国家。热应激导致的泽西和荷斯坦奶牛遗传方差，在很大程度上源自高温湿度日均值（Ravagnolo和Misztal，2002；Hayes等，2009）。因此，基于直肠温度选择具耐热性的高产品种，以及在遗传评价模型中纳入温湿度指数指标是很可行的。Hayes等（2009）还识别了与产奶量对饲喂水平的敏感性相关的遗传标记。假如未来的乳业系统更依赖草场而非谷物饲养，那么Hayes等研究的这些遗传标记将具有重要作用。

随着奶牛产奶量的增加、猪或家禽的生长速度和瘦肉量的增加，新陈代谢的热量会随之增长，而动物忍受高温的能力会下降（Zumbach等，2008；Dikmen和Hansen，2009）。肉牛高温适应性和高产能力之间的遗传特征对立性似乎没有奶牛明显。设定育种目标可能需要充分考虑气温升高等气候变化的影响、饲料质量下降的影响以及更严峻的疫病挑战。一些拉美品种的牛长着非常短而光滑的毛，研究发现它们有着更低的直肠温度。针对造成"光滑毛"的主要基因的研究正在进行中，其位于牛20号染色体上，是显性遗传（Olson等，2003；Dikmen等，2008）。该基因已导入一些荷斯坦种群中。

可见，找到方法提炼能够适应气候变化的适应性遗传特征，综合评价动物在特定生产环境中的表现和性能，并对这些"特定生产环境"进行标准化的表述，是非常重要的。这些研究方法和技术应该包括在表型鉴定研究和品种调查中。因为生产管理活动（比如夜间放牧）的影响是开放性的，所以有必要对本地的相关地方性知识或者常识进行研究。制定气候变化应对策略时也应将当地应对恶劣、多变生产环境的地方性知识纳入统一谋划范畴。实施恰当养殖策略从而提高牲畜应对一系列气候变化相关挑战是可行的，在未来其重要性很可能愈发凸显。

国内动物多样性信息系统（DAD-IS）通报的具有特定适应特性的国家种群数量

	提供相关信息的种群总数	最高频提及的种群	第二高频提及的种群	第三高频提及和其他种群
气候适应性	664	38%适应干燥、炎热和干热气候	20%适应湿热气候	16%适应多变的气温、潮湿的气候和暑寒交替的气候。14%适应寒冷，包括湿冷和干冷。8%适应夏酷暑冬严寒的大陆气候
饲料饲养适应性	413	40%良好适应低质量饲料和粗糙草木喂养	26%良好适应牧场生存或者移动觅食低质量草木	15%可以适应不规则进食饮水，或者长间隔进食饮水

（续）

	提供相关信息的种群总数	最高频提及的种群	第二高频提及的种群	第三高频提及和其他种群
栖息地	834	45％适应高山、山地和高原	16%适应干旱半干旱地区或者干草原	

资料来源：Hoffmann（2013）。

2.2.3 森林

从很多方面讲，森林对农业系统的弹性都有重大意义。在景观环境层面，森林的存在有助于调节水源和气温，还为传播花粉的动物等重要物种提供了栖息地。面对气候变化时，森林和树木对人类家庭的生计弹性也起着至关重要的作用，具体包括：一是紧急情况下的安全保障；二是农业生产和农村家庭收入多元化所必需的重要产品来源；三是工作岗位的来源，在缺少耕地和其他务农型生计来源时，这一作用就更加凸显。

森林在发生洪水和干旱等自然灾害以及社会动乱时所起到的重要作用是有不少记载可循的（Angelsen 和 Wunder，2003）。在面对灾害和动乱时，人们经常依靠森林来获得生存所需的食物以及可供出售赚取生计的产品。在其他困难时期，森林的作用也很重要。尽管在自然条件和社会秩序恢复正常时，森林为人们提供所需食物和其他产品的重要性会大幅下降，但维护森林安全网的作用依然非常重要，如弱势群体为了维持生计需要，仍然需要依靠森林。在救助体系和社会服务体系尚不足以满足应急需求时，这一点显得尤为重要。

将森林生态系统维持在健康状态是保持其弹性的最直接方法。健康的森林能更好地应对压力、更快地从损害中恢复，并根据变化进行自我调节适应。与生态过程受到损害的、因压力而不健康的生态系统相比，健康的生态系统应对生物和非生物性不利影响的弹性更强。这方面最有效的措施包括：有害生物综合治理、病害防控、林火管理、在经济林使用低影响采伐方式，以及将林区非木材产品的采摘和放牧限制在可持续水平。还有就是要严格执行森林法。将退化的森林恢复到健康状态，即重建生态系统，是提高森林弹性的核心战略。据估算，全球约有20亿公顷的土地有恢复或重新造林的潜力[①]。生物多样性是决定森林生态系统和树木应对现有压力的恢复能力的关键因素。它同时也是构建森林的适应能力，以面对未来压力的基本要素。就如何通过管理和利用生物多样性来维持或提高森林的弹性，Thompson 等（2009）给出了一些广泛可行

[①] 参见：世界可以给森林恢复机会 http://pdf.wri.org/world_of_opportunity_brochure_2011-09.pdf。

的措施。表7就此类森林管理措施提供了一些例子。FAO出版物《应对气候变化的森林管理指南》（FAO，2013d）还提供了一套更加完整的管理措施选项。

我们可以较准确地利用气候模型来预测国家和地区整体的气候变化模式，但很难准确预测地方层面的气候变化规模和特征。因为对地方层面的气候变化预测存在不确定性，加上无法准确预测气候的影响将如何作用于复杂的自然系统，管理者很难确定采取哪些应对措施才是最合适、成本效率最高的。管理者对森林资源的管理通常是基于中长期的，而中长期的管理模式会限制采取迅速调整措施的能力，这也进一步增加了工作难度。那些能够应对气候预期变化的措施，与可持续森林管理实战相一致的措施，就是"永不后悔"的措施（Seppälä，Buck 和 Katila，2009）。这类措施是符合逻辑的措施选择起点。比如说，制定预防和控制林火、病虫害暴发的措施，在任何情况下对森林都大有裨益。

不过，仅仅是实施最优的森林管理措施，选择那些"永不后悔"的措施来帮助森林应对气候变化和恢复健康状态是不够的。森林管理者还需要采取额外措施来增加森林自身的弹性。森林适应性管理在未来不确定的环境下尤为重要（Robledo 和 Forner，2005）。适应性管理是一个基于持续监测、分析和反思措施实施结果来不断调整和改进管理实践的系统性过程（Seppälä，Buck 和 Katila，2009）。这个观察、分析、规划、实施、监测和不断完善措施的过程本身就是一种有价值的适应策略。在气候变化的速度、方向和影响难以预测的情况下更是如此。建立有利于提高适应性的森林管理系统，有助于根据气候变化的演变不断提高森林的弹性。

表 7　针对不同气候变化影响提高森林弹性的一些措施

风险／影响	风险和影响的具体内容（社会、经济和环境）	减少风险、提高弹性的应对措施
森林活力和生产能力下降	来自木材和非木林产品的收益减少，森林生态系统作用下降	调整植树造林方式，改变品种结构的组成；增加森林生物多样性；实施森林植被恢复措施
森林病虫害增加	来自森林的收益减少，森林生态系统作用下降	实施和强化病虫害防治措施，调整植树造林方式
林火风险增加	生命损失，基础设施损失，来自森林的收益减少，森林生态系统作用下降，野生动植物损失	实施和强化林火管理措施，调整植树造林方式
水土侵蚀和滑坡增加	森林和基础设施（城镇、道路、水坝等）受损，水质下降	实施流域管理措施（包括保护和增加植被覆盖率，减少耕种和其他开发利用的强度）
干旱林、枯死树木和土地退化	林产品减少，风灾增加，放牧利益受损	种植防风林，保护植被，调整结构和品种
风暴灾害增加	来自森林的收益减少，森林生态系统作用下降，病虫害风险增加	调整品种和树间距以降低风险，抢救恢复，病虫害控制

（续）

风险/影响	风险和影响的具体内容 （社会、经济和环境）	减少风险、提高弹性的应对措施
红树林和沿海森林面积和活力退化	风暴灾害影响增大，沿海渔业产能下降	强化保护，恢复和增加红树林和其他沿海森林
物种变化和物种灭绝	森林生态系统作用下降，森林生物多样性受损	恢复/增加森林之间的连通性和野生动物廊道；采取迁移保护等保护措施

2.2.4 渔业和水产

渔业和水产养殖业面临海洋酸化和气候变化带来的诸多风险，其中既有直接的物理化学和生物生态影响，也有社会、经济和政治影响（FAO，2009b；政府间气候变化专门委员会，2013，2014a）。采取有效和精准的保护措施来应对这些影响是个不小的挑战。因为环境变化可能改善生态系统功能、提高生产力，所以渔业和水产养殖业也可能从中得到积极的发展机会。然而，在大多数情况下，即使从总体上讲，一个生态系统、地区乃至全球的净产出会相对稳定，供需在空间和经济分布上的变化也将带来额外的发展负担。越是贫穷和脆弱的群体对这一负担的感受越突出。

许多时候，渔业、水产养殖业和受气候变化影响的其他行业之间的相互作用也是很重要的。内陆渔业对本行业之外影响淡水质量、数量和流量的政策和措施尤其敏感。同样，许多沿海地区的环境也日益受到淡水径流变化、农业集约化程度、工业和能源部门增长、城市化推进，以及交通和旅游业发展状况的影响。对水产养殖业来说，也存在着与其他部门的互动和利弊权衡的问题。在土地和水资源使用，水生和来自陆源的饲料生产，以及沿海和沿河地区的划分等方面，问题尤为突出（粮食安全和营养高级别专家组，2014）。

面对气候变化，渔业和水产养殖业的脆弱性与一系列生产、社会和政治因素相关。此外，气候变化发生的时间和分布也很重要。举例来说，气候风险可能会在一个具体地点，以一种特定的方式体现（比如某一小片渔区风暴发生率增加）；也可能在一个更大的范围，比如在一个重要的河流三角洲及其相关沿海区域造成气温和淡水资源平衡的变化；气候变化还有可能对若干不同的人群和社区形成风险，而这些人应对潜在风险的能力可能大不相同。与其他部门一样，渔业和水产养殖业的脆弱性也与其他因素高度相关，比如人力、社会和政治资源的可用性、服务和其他资源的可获得性以及是否有其他的生计选择。减少脆弱性的选择通常由以下因素决定：所涉及风险的性质和严重性、减少影响所需要的物理和其他资源的可量化成本，以及相关人员、社区和机构分析情况、做出优先选择及采取正确行动的能力。

关于如何建立和巩固自然和人类生态系统，以及渔业和水产养殖部门的弹性，现在已经有了越来越多的研究成果。1995年《负责任渔业行为守则》（FAO，1995）就包含了全球渔业（包括水产养殖）保护、管理和发展的原则和标准，例如防止过度捕捞，对水生生态系统和当地省区负面影响最小化，以及保证相关人员有安全和恰当的生计。渔业和水产养殖的生态系统方法（简称EAF/EAA）[①]提供了落实该《守则》的方法、策略和工具。从构建预防和适应性管理框架，到建设低影响、高效率的生产系统，甚至改善人类和生态的福利，它提供了综合、完整且参与性强的渔业和水产养殖系统管理方式。目前还在不断研究和验证特定条件下降低渔业和水产养殖业脆弱性的好方法和工具。如表8所示，除了一般的适应能力建设和采取"无遗憾"的措施外，在整个生产链中还能找到不少实用的措施可供选择。不过，生产者应对产量下降和变化的一些自发调节措施，可能会增加渔业压力或影响栖息地，从而直接加剧过度捕捞问题。插文13举例描述了金枪鱼区域适应性管理系统。

表8　降低渔业和水产养殖业脆弱性的实用措施介绍

影响内容	可供选择的措施
捕捞渔业	
产量下降	开拓高附加值市场；调整/扩大产品种类；提高捕捞能力＊；减少成本，提高效率；生计来源多样化；退出渔业
产量波动增加	生计来源多样化；实施保险制度；推进适应性管理框架构建
分布改变	调整捕捞策略和方式，以及相应的加工和配送设施；采用更加灵活的准入和分配政策
海平面变化；洪水和巨浪	新的或者增强的物理防御屏障；有序撤退和提供临时住宿；恢复和灾害反应机制；完整统一的沿海管理体系；早期预警和教育
渔业风险增加	气候预警系统；改善船只稳定和安全性以及通信功能
社会混乱/新捕捞者涌入	支持现有的和建设新的管理机构；生计来源多样化
水产养殖业	
极端天气	改良养殖场和设施；个人/集体保险；使用本土或者非繁殖期的品种，使对生物多样性影响最小化
气温上升	改善食物和水质管理；选育和遗传改良；调整捕捞和营销计划
水分胁迫和干旱	提高水资源利用率；引导发展沿海养殖和以养为主的渔业；选择生产周期短的产品；水资源共享；提高鱼苗质量和生产效率

[①]　参见FAO，2003，2009b，2010，2015h。

（续）

影响内容	可供选择的措施
海平面上升和其他环境变化	敏感品种向上游迁移，开发海产和广盐品种（盐度耐受范围广）；使用孵卵池生产鱼苗，保护亲鱼亲贝和繁殖栖息地
水体富营养化/上涌和赤潮爆发	更替完善的设计和选址；更频繁的日常监测；制定应急程序
病原体毒性上升和新的病毒出现	通过优化管理减少压力，采取生物安全性措施；监测；合理选址；更好的应对和处理策略；提高抗性的遗传改良
酸化影响贝壳生长	完善相应生产和处理技术；转移养殖场；品种选择
鱼粉、鱼油等产品供应受到限制/价格变化	鱼粉、鱼油替代品生产；完善饲养管理；以适应替代饲料为目的的基因改良；取消肉食品种；生产贝类藻类产品
捕捞后，增值环节	
极端气候等对基础设施和社区的影响	早期预警体系和教育；新建和改良物理防御屏障；变化适应；恢复和灾害反应机制
产量/供应时间减损和波动	扩大选择范围，调整品种，增加价值，减少成本；基于原料可得性设定更加灵活的选址策略；改善沟通和营销体系；生计来源多样化
温度、降水和其他影响	更好的预测和信息收集；改良加工技术和程序
贸易和市场影响	完善信息服务；市场和产品多样化

* 一些针对产量下降和波动的自发调节措施可能会造成捕鱼压力增加或者影响栖息地，从而加剧渔业过度开发。

资料来源：摘编自 Daw 等（2009）；De Silva 和 Soto（2009）。

《负责任渔业行为守则》与渔业和水产养殖的生态系统方法实施有利于确保利益相关方参与变化监测和适应规划制定；并使之成为一种保证社会生态系统弹性，尽量减少适应和缓解措施非预期结果的默认制度。在一系统内进行适应性整体规划和实施，在顾及每个部门特别需求的同时，也能解决更广泛的系统中各部门共同面对的一些问题。我们要努力完善和聚焦对一产业部门当前脆弱性和适应战略的认识，以便该部门在制定自己的气候变化规划的同时，能够参与国家气候变化规划制定，包括就其他部门的适应和缓解措施提供效果反馈。技术创新、公共和私人保险计划实施以及灾害风险管理是必要的适应性措施，但实施稳健有效的管理措施是当前确保和提高渔业和水产养殖业利益的关键。

● 插文13   金枪鱼产业区域适应性管理

西太平洋赤道水域的鲣鱼和黄鳍金枪鱼产业对全球鱼类供应和太平洋岛

国（PICs）的经济有重要的贡献。每年从太平洋岛国专属经济区（EEZs）捕获的130万吨金枪鱼是世界上25%的金枪鱼罐头的原料；外国捕鱼船队的许可证费用占部分小岛国政府收入的10%～40%；当地的金枪鱼渔船和罐头食品占一些岛屿国家国内生产总值的比例高达20%。但是厄尔尼诺－南方涛动（ENSO）带来的影响使这两种金枪鱼的数量和分布发生变化，使其很难从时间和位置上预测。拉尼娜现象出现期间，该地区西部的金枪鱼捕获量最大，而在厄尔尼诺现象出现期间，最大的捕获量则在很靠东的位置。

为了在可持续的范围内保持捕获量，并优化经济效益的分配，太平洋岛国中8个最主要的金枪鱼生产国通过"船舶日计划"（VDS）来控制和分配围网渔业捕捞力量。这些国家被称为瑙鲁协议成员（PNA）*。该计划在瑙鲁协议成员海域内设定一个整体许可捕捞限额。这一限额根据历史平均捕捞水平在瑙鲁协议成员专属经济区中进行分配，以"船日"表示。成员之间可以进行捕鱼天数交易，从而应对由厄尔尼诺－南方涛动造成的鱼类和捕鱼船在西部或东部地区异常集中的情况。这一安排的目标是确保不论金枪鱼聚集在哪里，所有成员都能继续从渔业获得一定程度的利益。除了帮助渔业应对厄尔尼诺－南方涛动这样的气候异常，"船舶日计划"还具备帮助渔业应对气候变化的可能性。根据该计划，要依据成员捕鱼力量历史数据定期调整捕鱼"船日"在成员中的分配。该计划会根据气候变化对东部海域金枪鱼分布量进行预测，并在此基础上对"船日"分配做周期性调整，所以成员交易捕鱼天数的需求有所下降。

*瑙鲁协议成员包括：密克罗尼西亚联邦、基里巴斯、马绍尔群岛、瑙鲁、帕劳、巴布亚新几内亚、所罗门群岛和图瓦卢（www.pnatuna.com）。

资料来源：Bell，Johnson 和 Hobday（2011）。

2.2.5 在景观层面建设弹性

在大多数地区，农业生产被涵盖在更广阔的景观范围内，受到各种生物物理、社会和机构力量的影响。许多与农业生产有关的生态系统服务，如授粉、抵御病虫害、流域保护和水土侵蚀控制，都发生在景观层面上。这些服务通过减少环境风险和改善适应能力，直接作用于农业生计的弹性（FAO，2007；McCarthy 等，2010）。

从景观层面入手进行管理，既要考虑该地区物理和生物方面的特征，也要考虑会对其产生影响的相关人员和机构。正因为这些需要考虑的因素之间有很强的内在联系性，跨部门开展相关工作，以协调的方式整体处理环境、社会和经济问题就显得尤为重要。在景观层面可以更加综合协调地开展相关工作。在景观层面开展工作有助于以一种更有凝聚力的方式建立土地利用系统、自然资源和人口生计的弹性。在景观层面开展工作还有利于得到来自有效制度和治理机制的支持，有利于优化其对生态系统稳定性和活力的贡献，以及以可持续的方式满足社会需求的能力。掌握不同因素（生物物理、社会、经济和制度）之间的动态关系，并真正让当地利益相关方参与决策，将有助于制定科学的弹性提高战略和行动方案（Braatz，2012）。

以下是在更广阔的景观层面用综合协调的方式开展工作的两个范例（FAO，2012b）：

（1）综合流域管理措施已被成功用于恢复和维持世界众多流域的农业生态活力和生产潜力。该措施使用了跨部门且同时兼顾当地群体社会经济需求的土地利用管理技术。

数十年来，在这一过程中获得的强有力的技术支持和经验教训，促使决策者提高了对当地利益相关方参与流域综合管理计划和项目重要性的认识（FAO，2006）。流域管理日益成为一种有效适当的灾害风险管理，当风险涉及滑坡、雪崩和洪水时更是如此。

（2）最近，消防管理已经从单纯的林业措施转变为一种更广泛的景观层面的方法。根据这种新的方法，农业、林业和牧场的问题被同时综合考虑，从而更好地查明发生问题的原因，并最终防止危害多个土地使用系统的破坏性植被火灾。综合的消防管理方法有利于提高社区和生态系统对植被火灾影响的应对和恢复能力。

在干旱地区，景观层面工作方法也有很好的发展。20世纪90年代初期的西非"土地治理法"就是一个很好的事例。该方法在村庄或者社区一级将自然资源管理与技术干预、社会经济因素、法律和行政职能联系起来，共同作用。越来越多以水土保持为核心的土地可持续发展规划，及配套的管理体系，都将景观层面工作方法的原则和尺度作为重要考虑内容。可持续山区发展和沿海地区综合管理也是采取景观层面工作方法的好事例。

对实施景观层面跨部门方法的重要性，以及对其提供的政治支持正不断提高。近年来，以采取综合土地利用方法，改善农村生计、完善土地利用规划管理为目标的机构、网站及合作关系越来越多。举例来说：

（1）森林景观恢复全球伙伴关系[①]，致力于推动对森林和退化土地恢复的支持，有效恢复、保护和使用森林、树木及其功能，确保未来生计可持续和生

---

① http://www.ideastransformlandscapes.org/。

态完整性。

（2）国际示范林网络计划（IMFN）[①]支持建立示范林。该示范林的建设要综合考量和协调当地社区社会、文化和经济需求，以及将森林作为重要组成部分的大景观发展的长期可持续性。这些示范林的设计理念是本着自发自愿和范围广泛的原则，将林业、研究、农业、采矿、休闲娱乐和其他利益及价值联系在一起。

（3）人类、食物和自然景观倡议[②]，是一项集研究、讨论、知识分享和宣传为一体的为期3年的合作。它的目标是为政策制定、投资策略、能力建设和研究提供行动表，并通过联合国会议的行动和宣言以及主要区域性平台来支持该倡议的实施。

（4）全球气候、渔业和水产养殖伙伴关系协定（PACFA）[③]。它是由20个国际组织和部门机构组成的自愿伙伴关系，成员共同关注气候变化与全球水域、生活资源的相互作用及其社会和经济后果。它的建立，源于成员均希望通过一个多机构全球性合作方案将分散、重复的气候变化应对行动整合起来，以解决气候变化应对讨论中尤为紧迫的如何改善和提高渔业和水产养殖状况的问题。

2.3　遗传资源管理

在未来生产系统中，能够在未来气候条件下生存和繁衍的作物、牲畜、森林树木和水生生物至关重要（FAO，2015a；Galluzzi等，2011）。因此，需要修订完善育种计划的目标（粮食安全和营养高级别专家组，2012a），在一些区域可能需要引进品种和物种，包括以前并没有在当地饲养过的品种。育种计划需要时间来逐步实现目标，因此需要提前多年就开始实施。粮食和农业的遗传资源是生产系统效率、适应性和恢复力的关键。它们是当地社区和研究人员提高粮食质量和产量的一系列努力的基础（FAO，2015a）。

保护当前的遗传多样性至关重要，因为这是农业和食品适应未来变化的关键所在（FAO，2015a；Jarvis等，2010）。所以，改善对农业和食物供应有重要意义的驯化物种、野生近缘种及其他野生遗传资源的原地和迁地保护项目，以及制定可持续利用的政策，都应该是当务之急。

FAO、国际农业研究磋商小组（CGIAR）以及其他参与机构都致力于研究如何更好地利用遗传资源的潜力来应对气候变化，并提高未来生产系统的

---

① http://www.imfn.net。

② http://www.landscapes.ecoagriculture.org/。

③ http://www.fao.org/pacfa/en/。

弹性。这些机构在收集遗传资源的信息，包括这些资源在哪里发现的、有什么特征（例如抗旱或抗病）以及如何对它们进行最好的管理。不幸的是，许多适应当地条件的作物和牲畜品种的记录相当缺乏，甚至可能在人们认识到这些品种在适应气候变化方面的潜在作用之前，它们就已经消失了（Beed等，2011；Cock等，2011；Jarvis等，2010；Loo等，2011；Pilling和Hoffmann，2011；Pullin和White，2011）。

有关无脊椎动物和微生物在食品和农业领域的作用的研究很少（Beed等，2011；Cock等，2011）。对许多森林中的树木品种和水生生物的研究情况也类似（Loo等，2011；Pullin和White，2011）。因此，对遗传资源的特性研究应该放在优先位置。

在作物生产中，保持遗传多样性一直是应对疾病和非生物风险（如干旱）影响的战略体系的重要一环。虽然很难预测气候变化对疾病分布、严重程度以及不利气候条件的确切影响，更好的遗传多样性条件的确很可能增强作物生产系统面对新气候条件和疾病挑战时的适应和恢复力。从社区入手启动措施的效果尤其突出（见插文14）。改善农作物野生近缘种的收集措施很重要，因为它们具有的一些遗传特性可能被用于开发适应性强的作物，以适应气候的变化（FAO，2015a）。

插文14　社区层面的遗传资源管理

扩大农业系统多样性的需要促进了遗传资源的社区管理。这导致了社区种子库的建立，以促进传统和耐压作物和品种的复兴和分配。在印度北方邦，建立种子库以促进当地粮食系统的多样化是洪水应对机制的一部分（Wajih，2008）。

在洪都拉斯，农民组织了社区层面的农业研究小组，以推进植物遗传资源多样化，并开发适应当地土壤的更加顽强的植物品种。为了应对更高的飓风发生概率，农民通过一个共享的繁育项目生产改良玉米品种，其植株更短，能够承受飓风带来的冲击，同时产量更高，且仍能适应高海拔的生产条件。遗传资源选择与保护是一同进行的，因为所选品种的种子都被储存在社区种子库中，保证能够提供健康有抵抗力的植株（南加利福尼亚大学加拿大分校，2008）。

哥伦比亚、巴拿马、秘鲁、玻利维亚、厄瓜多尔、泰国、印度和其他国家，原住民组织积极行动，保护传统知识，并重新引进本地蔬菜、谷物和水果等作物品种。2005年秘鲁库斯科建立了一个马铃薯园，旨在保护当地马铃薯品种的遗传多样性及相关的本土知识。该项目展示了保护农业生物多样性和保护原住民权利、生计和文化之间的联系。参与该项目的土著盖丘亚族社区已经从基因库中找回了400多个马铃薯品种用于其田间种植，从而确保当地农业生产能适应气候变化（Argumedo，2008）。

遗传多样性也为畜牧业提供了重要资源。大多数牲畜的多样性是由农牧民在生产中就地保持的。由于气候变化，不理想的生产环境可能变得更加普遍，而本就在恶劣环境（如炎热干旱或者疾病滋生的地区）中培育出的品种往往能很好适应。然而，畜牧业的迅速发展也威胁到许多具备当地适应性的品种和它们的繁衍系统。人们迫切需要针对这些品种采取措施，确保可持续的使用和发展。在必要的时候要就地保护或者迁地保护，防止它们的损失（Pilling 和 Hoffmann，2011）。全球范围的畜牧遗传多样性为产业适应气候变化提供了一系列有价值的选择（见插文 15），包括：抵抗力高、对特定疾病有抗性、适应低质量饲料、适应恶劣饲喂条件，以及能耐受极端气候。然而，大多数本地适应性品种的特征尚未得到很好研究。FAO[1] 的家畜多样性信息系统列出许多适应极端温度范围的品种，特别是山区和干旱地区的品种。可能很值得对其开展进一步研究（Hoffmann，2013）。

物种多样性能在气候变化和多变时增加天然林和人造林的恢复能力，因为它增加了森林物种应对条件变化的可能性。每一物种本身的遗传多样性同样可以增加其适应气候变化带来的新环境的可能性（FAO，2015a）。在人造林中，随着气候条件的变化，树木品种和种群可以被迁移到新的地区。协助此类迁移被认为是应对气候变化的潜在重要措施，但其实践很少。人们已经普遍认识到自然林和人造林可以通过碳封存作用在减缓气候变化方面发挥作用。然而，物种内部遗传多样性的重要性还没得到充分的重视。只有在树木很好地适应周围环境，并能适应未来变化的情况下，它们才能持续发挥调节气候变化减缓的作用（Loo 等，2011）。在这一领域最好的做法是使用本地物种，避免物种入侵的危险。

对野生和养殖的水生生物而言，大多数为适应源自气候变化的压力所产生的转变都是通过自然选择发生的。在这方面，最重要的变化包括繁殖能力、对低水质的耐受性（缺氧、酸化、盐度增减、浊度和淤积增加、污染物水平增加）和对疾病、寄生虫和有毒赤潮的抵抗力。气候变化意味着水产养殖和渔业将不得不依赖于那些能在更多样的环境中生存和繁殖的物种、种群和遗传品类。因生态和经济原因，这一情况将更有利于生产那些能在更低营养水平下生

---

[1]　http://dad.fao.org。

存并且生产周期相对较短的鱼类。在水质多变的温暖水域，呼吸空气的品种将有更大的发展潜力，特别是在水产养殖领域。如果能够成功地适应气候变化，水生生态系统也能更好地通过它们的碳汇功能缓解气候变化（FAO，2015a；Pullin 和 White，2011）。

> ⊙ **插文15　世界家畜遗传多样性：适应性选择**
>
> 　　本地品种如红马赛羊，因其对恶劣气候条件的耐受性和抗病能力而受到当地农民的欢迎，但是也有非本土品种，比如南非的杜泊羊等，由于在非干旱期具有更高产量而被引进。结果，由于不受控制地与杜泊羊杂交繁殖，红马赛羊受到了灭绝的威胁。因为预计未来干旱的频率会上升，这一状况就很令人担忧了。在外部条件普遍不好的情况下，保存红马赛羊繁衍，从而抵御干旱和疾病并提高生产能力，是育种的首要目标（Audho 等，2015）。
>
> 　　地中海地区是全球气候变化的"热点"。在这里，全球变暖及其对环境和人口的影响比其他地方更明显。举例来说，在未来的几十年里，地中海气候将向内陆延伸，直至（法国的）中央高原。针对这一情况，地中海地区牛类牲畜和生产系统遗传适应性（GALIMED）项目的目标就是：从遗传学角度描述地中海品种对其农业气候条件的适应性，为品种保护提供解决方案，更精确设定育种目标，评估畜牧饲养经验并利用其应对全球气候变化的后果（Audho 等，2015）。

　　对农业和食物生产有重要意义的无脊椎动物和微生物遗传资源需要被原地保护和维持。因此要确保管理行为不威胁这些生物在农业系统中的生存，避免破坏自然栖息地（例如，对新兴害虫应进行生物防治）。这些自然栖息地为生物提供必要的避难所，并可能作为物种的潜在来源，将来很有用处。由于无脊椎动物和微生物对土壤中碳的循环和蓄积有重要作用，恰当地管理这些生物，可以作为增强碳封存、减少大气中二氧化碳含量的手段（FAO，2015a；Beed 等，2011；Cock 等，2011）。

2.4　投资有弹性的农业发展

　　对于农民、渔民、牲畜饲养者和林业从业者而言，采取行动建立系统和景观层面的生计弹性，需要有利的外部环境。而这种有利环境的建立又需要政府、民间团体和私营部门切实采取统一协调的行动。只有在做所有农业投资决策时都考虑到气候变化问题，而不仅仅局限于具体气候变化研究项目，农业部门在应对气候变化方面才能取得重大进展。这就要求做所有投资决策前都认真开展相应研究和分析（插文16）。此外，还要在制定恰当的农业发展战略时充分考虑主要及潜在的气候变化应对措施（插文17）。

➡ 插文16　将气候变化纳入农业投资计划统一考虑

FAO根据各国国家层面制定投资规则的实际经验，编制出一套指南和学习材料。这份指南为从业者提供了来自FAO和其他来源的相关信息，同时提供了进行快速评估、应对和缓解气候变化、降低灾害风险等方面的建议和好做法。同时，它还对认定、设计、监督和评估阶段有哪些需要解决的问题、需要研究的信息提供详细指南。

指南有英文、法文、西班牙文和中文版本（http://www.fao.org/invest-ment/tci-publications/publications-detail/en/c/165267/）。FAO还在自己的线上学习平台提供围绕指南核心内容设计的线上学习程序（http://www.fao.org/elearning/#/elc/en/course/FCC2）。该指南的面对面学习材料，包括实用的案例，已经过与中国农业大学（CAU）的合作得到试点、调整和升级。相关内容已作为一门特殊课程纳入了中国农业大学研究生教育计划，也纳入了中国南南合作（SSC）培训计划。

本节将讨论有弹性的农业发展和相关投资如何推动这些重大改变，以及能够使用的手段和工具。首先是分析了可以消除饥饿和贫困，提高农业发展的弹性的投资类型。随后，聚焦于提高发展弹性的两类优先投资：一是对风险、脆弱性和适应性选择的评估系统的投资，二是对遗传资源投资。这两类投资不仅本身对提高适应性有重要意义，而且对未来的投资（包括农场层面的投资）也具有重要意义。

➡ 插文17　将气候变化作为扶贫开发战略的
重要内容，使其主流化

应对气候变化与消除贫困两项工作应该携手并进，这就需要在制定扶贫开发战略时重点考虑气候应对措施，将其主流化。越来越多的人支持在人类发展和消除贫困的战略中要纳入应对气候变化的措施，单独追求应对气候变化和减贫目标可能会造成潜在负面影响。气候应对主流化要求决策者制定的政策能够同时实现减贫、气候变化应对和温室气体减排等方面的共同利益。气候应对主流化要将信息收集分析、政策制定和措施执行结合起来，以应对规划执行和决策过程中的气候变化。气候应对主流化应当创造"永不后悔"型的发展机会，它要能够应对当前和未来气候变化对最脆弱群体的影响，并避免在适应气候变化和追求发展之间出现两难困境，否则会使人们无从适应。

2.4.1 促进农业发展实现农村地区经济增长、减少贫困和脆弱性，重点关注小农利益

在过去的几十年里，我们已经看到，减少贫困的措施如何通过改善粮食供应，减少了粮食不安全导致的脆弱性（FAO，2015f）。随着贫困家庭摆脱贫困，他们有了足够的收入、储蓄和资产来确保他们获得食物，即使是在食品价格上涨或生产量下降等不利情况下，也没有问题。非贫困家庭也更容易获得信贷和保险等金融服务，以更好地维持足够和稳定的食品供应。

提高务农型生计来源弹性的主要途径是增加生产者从农业生产系统获利的能力，而提高生产率是其中很重要的因素。此外，农业投资（世界银行，2008）特别是对小农的投资（粮食安全和营养高级别专家组，2013）已经被证明是可持续发展和减少贫困的关键工具，因此它对减少粮食安全的脆弱性具有重要影响。发展中国家3/4的贫困人口生活在农村，他们的生计直接或者间接依靠农业。在许多仍以农业为主要经济部门的国家，农业和相关产业对减少大规模贫困及粮食安全问题至关重要。正如世界银行（2008）研究指出，在高度依赖农业的国家，投资带来的农业领域国内生产总值（GDP）的增长，其减贫效率是其他任何部门投资减贫效率的3倍。

世界上绝大多数农场都很小或者非常小，许多收入较低的国家，农场规模甚至变得越来越小（粮食安全和营养高级别专家组，2013）。在世界范围内，面积不到1公顷的农场占农场总数的72%，它们仅涵盖8%的农业用地。粮食安全和营养高级别专家组（2013）研究表明，以食品安全为目标的农业发展战略，应该把小农经营的农场放在注意力的核心。发展战略应基于上下游的整体环境，来设计推进生产力革命的方案。这一方案要通过向高附加值农业的倾斜，逐步实现农村非农经济活动的多样化发展，并与市场更有效对接，从而最终创造出连通农场与上下游部门的、充满活力的农村经济体系。

《实现零饥饿》报告指出，要实现2030年根除饥饿的目标，每年将需要

增加平均1 050亿美元的额外农村投资来创造相应的农业发展条件。其中62%
的资金用于改善市场运作和市场准入的投资；每年需用165亿美元对农村和批
发市场设施进行投资，从而改善农产品的加工环节。在改善农村公路和电力
等基础设施方面，估计每年需要340亿美元。最后，对相关机构的投资约为每
年145亿美元，主要用于改善土地所有权制度、提高农村金融信贷服务可获得
性，以及完善保障粮食安全的措施。

前文已经强调了贸易在减少气候变化负面影响方面的重要作用。通过投
资改进市场基础设施，能够将粮食从富余地区转移到短缺地区，这对缓解气候
变化的影响至关重要。预计贸易在缓解气候变化对某一区域的影响方面发挥关
键作用，因此对实体基础设施以及有效监管框架的投资不可或缺。

虽然上述《实现零饥饿》报告提出的根除饥饿所需的投资额并未被归入应
对气候变化的投资，但如果这些投资考虑了气候变化的影响，它同样可以有效促
进气候变化适应机制的建立。同样，计划用于研发的资金（每年176亿美元）即
使不是专门用于气候变化适应性建设，也可以将潜在的气候变化纳入考虑范围。

《实现零饥饿》报告主要关注"2030年根除饥饿"这一目标的实现。从这个
角度讲，因为预计大部分极端天气的影响都会发生在2030年之后，这一报告所
做的研究可以被认为是给之后成功适应气候变化做了准备。研究表明，气候变
化的主要影响，以及适应这些影响的成本大部分都将发生在2030年以后。例如，
根据目前的预测，以2012年不变价格计算，2030年非洲的气候适应成本为150
亿美元，到2040年将增至350亿美元，到2050年将达700亿美元。农业生产和
工资为所有规模的农场提供了大部分的家庭收入，如图5所示。因此，增加小
农农业生产收益是增加家庭收入和减少贫困的一个重要手段，但不是唯一手段。

2.4.2 促进农业和非农收入多样化

对于大多数农民家庭来说，农业仅为收入来源之一（粮食安全和营养高
级别专家组，2013）,农民家庭规模越小，通常非农业收入占比越高（图5）。
需要深刻认识到的是，增加务农人口生计弹性的一个重要策略是扩展非农收入
来源；在许多情况下，甚至要放弃务农而到其他部门寻找就业机会。在许多关
于农业家庭福利的微观研究中，通过劳动多样化获得非农收入的可能性通常与
福利水平正相关。例如，在面临气候风险和环境恶化时，劳动力迁移是比较常
见的应对策略，而这些迁移劳动力获得的报酬在维持家庭生计弹性方面发挥着
重要作用。在另一些情况下，通过安置项目或者个人搬迁实现整个家庭永久迁
移，也是家庭向农业部门以外寻求新的、弹性更强的生计的尝试。当然，这些
策略对提高生计弹性的实际效果存在很大差异。此外，有证据表明，贫困人口

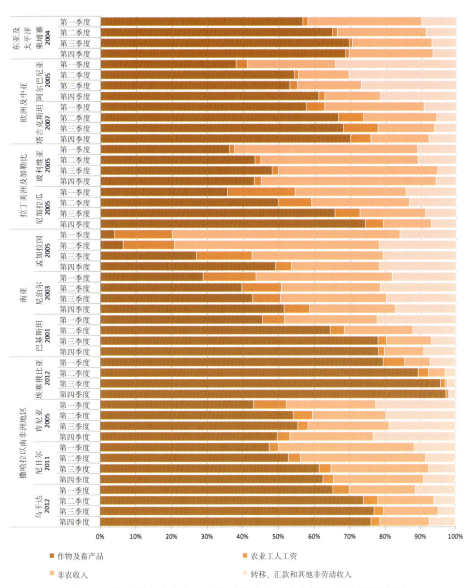

图5　各类来源在家庭收入中的平均占比（按来源和农场规模计算）
资料来源：FAO（2014c）。

和最易受气候风险影响的人反而最难开展有效率的迁移，因为他们缺乏必要的资产和社会关系资源。基于预计的人口增长模式以及潜在的气候变化影响推测，以非农为基础的生计来源很可能在提高农业人口生计弹性方面发挥越来越重要的作用。因此，要同时考虑如何通过拓展农业和非农业部门的收入途径来帮助低收入人群和粮食不安全人群获得有弹性的生计，这一点非常重要。

生计多样化是应对气候变化的重要手段（Thornton 和 Herrero，2014），既可以在农场中通过增加种养殖类别和品种，以及通过种植加畜牧、种植加水产或者加工等混业经营来实现，也可以通过在农场外取得非务农型收入来实现。但是多样化对环境有很高依赖，在农场层面实现多样化需要克服信息来源局限和初始投资成本限制等困难。家庭收入多样化并不是只有发展中经济体才需要（Kurukulasuriya 和 Rosenthal，2013），在加拿大和爱尔兰这样的发达国家也同样需要。实现收入多样化需要决策者出台相应政策来提供获得其他生计来源的机会，包括培训、信息服务和社会支持服务。

2.5 投资建设风险评估、脆弱性和适应性选择的系统

准确把握当地的气候风险、气候变化对当地农业和粮食安全的潜在影响、当地的脆弱性特征和适应选择的有效性，是有效应对气候变化的坚实基础。

谨慎的战略评估需要评估各种利益，权衡各种社会、经济和环境状况。评估可以确定当地气候条件及气候变化对农业、自然资源、粮食安全和生计的影响是如何变化的，以及未来会产生怎样的变化。评估还能识别出最脆弱的地区和情形，这些地方最需要采取适应措施。例如，了解哪些农业系统和生计来源可能对气候变化更为敏感，将有助于从业者选择更有弹性的作物、牲畜、水产养殖和林产品种类，并拓展更多样化的生计来源。向利益相关者通报降水量的变化和降水的空间分布将有助于他们更好地调配资源进行水资源利用管理。此外，考虑到气候变化可能造成的多种环境变化，有必要建立环境监测系统，重点监测关键参数。

对气候变化影响和脆弱性的评估可通过评估适应措施的有效性来实现。有必要了解农业和商业实践中，以及制度和政策环境中哪些变化是适应气候变化的有效措施。这样的评估可以确定某些特定的措施是否真正帮助农民、牧民、渔民和林业从业者在特定环境下适应了气候变化。根据气候变化对农业、生计脆弱性和粮食安全的过去、当前和预测的影响，可以探索出有效的适应性措施。此外，模拟出更加适合变化的气候的适应性措施也是有可能的。

应明确界定利益相关者的信息需求、所采用的方法，以及进行评估所需的工具、数据和信息。

考虑到气候变化情景中的不确定性，任何评估都应与那些使粮食不安全弱势群体能充分适应气候变化的具体发展目标和行动相联系。利益相关方的信息需求，有助于政策和发展目标的关键风险和脆弱性问题，及评估使用的方法、工具、数据和信息都需要明确定义。评估框架还应考虑终端用户的不同需求。

最后，建立早期预警系统对降低气候变化的影响，特别是极端气候事件的影响至关重要。

（1）气候风险和影响评估及评估工具

更好地理解气候变化对农业的影响是适应气候变化的第一步。气候对农业的影响与具体地点高度相关。当地人对近期气候变化的看法，以及农业生产系统如何受到变化的影响，可以通过从农艺角度分析过去的气候变化和极端事件的特征来验证。这样的分析为农业、渔业和林业适应气候变化，以及识别未来的研发需求，如研发能够抵御气候风险的新品种，提供了强有力的证据。

气候变化对农业生产能力（如作物/鱼类产量）影响的评估一般遵循自上而下的方法。可以建立过去的气候状况与过去的农业生产能力之间的因果联系和校准模型。基于社会经济情况和排放状况，全球气候模型可以提供未来的气候预测，使用适当的方法，也可以缩小其预测的区域范围。将预测的气候状况作为校准模型一个变量，可以模拟未来气候变化对农业的影响（FAO，2012a）。气候变化既会带来机遇，也会带来风险。这种分析有助于我们识别在哪种条件下可以（或不可以）利用机会，或者识别各种风险对不同行业、相互依赖的社区、经济体和自然系统等的不同影响。

《联合国气候变化框架公约》（2010）对现有农业模型进行了综述，其中包括：包含地理信息系统（GIS）的农业气候指数模型、统计模型、生产函数模型、基于过程的作物模型、经济模型等。其中经济模型包括经济横截面模型、农场层面的微观经济模型、家庭和村镇模型以及宏观经济模型。所有这些模型对气候影响评估和适应性规划可能都很有用。

举例来说，Aquacrop是FAO模拟不同水分供应状况下的主要作物产量状况的模型。气候变化对农业影响的模拟系统（MOSAICC）是一套综合工具，用于开展针对气候变化对农业影响的跨学科评估。

评估应当基于可获得的最佳科学信息（方法、工具、模型和数据），既要运用模型进行定量研究，又要运用参与者的认知进行定性研究。为了保证易解释、可复制和透明，应该选择相对成熟且结果稳健的方法，同时要兼顾不同研究环境独特的内在特征。

（2）发展环境监测系统

如上所述，气候变化将通过改变生态系统物理和生物学特性，包括改变水体质量（温度、盐度、酸度）和物种分布等，给生态系统带来直接或者间接影响。环境监测系统应遵循基于风险的原则建设运行，充分认识到由于风险增加，监测也需要加强。当地人员的参与和当地就地收集的信息，对于帮助农民和渔民更好地了解生物物理过程非常重要，也有助于找到解决方案，例如，迅速找到适应措施和进行早期预警，在长期中改变行为模式和投资模式。

渔业和水产养殖对突然的气候变化和气候的长期趋势非常敏感。但是，能够提供信息和信息说明供渔民和养殖户在做决策时使用的综合监测系统很少。为数不多的例子之一就是美国太平洋贝类孵化场的早期预警系统，见插文18。尽管渔民和养殖户能够得到有关气象条件的信息，并利用经验解读这些信息，从而了解开展某项养殖和捕鱼活动可能产生的后果，但更简单直接、长期稳定的收集信息能够为渔民和养殖户做决策提供更加清晰明确的参考，当气候变化带来巨大影响时尤其如此。举例来说，高于或低于平均值的温度可能引发养殖动物的疾病，突发的水体运动或者内部循环会使缺氧的水升到表面或引发有毒的赤潮。温度、pH或盐度的变化会影响养殖的鱼类，并会赶走沿海渔民经常捕捞的鱼类。季风模式的变化可能改变淡水的供应，因此渔业和养殖业应该准备好应对方案。在水产养殖方面，对诸如氧气和水透明度等环境变量的监测可以警示来自农场的养分输出过量等。

FAO正推进试点和实施参与式环境监测（监测特定养殖品种的水生环境）和早期预警系统，以帮助渔民和农民做好防范，应对气候变化。图6所示的参与式系统试点是尼加拉瓜、泰国、越南和柬埔寨设计或发起的。

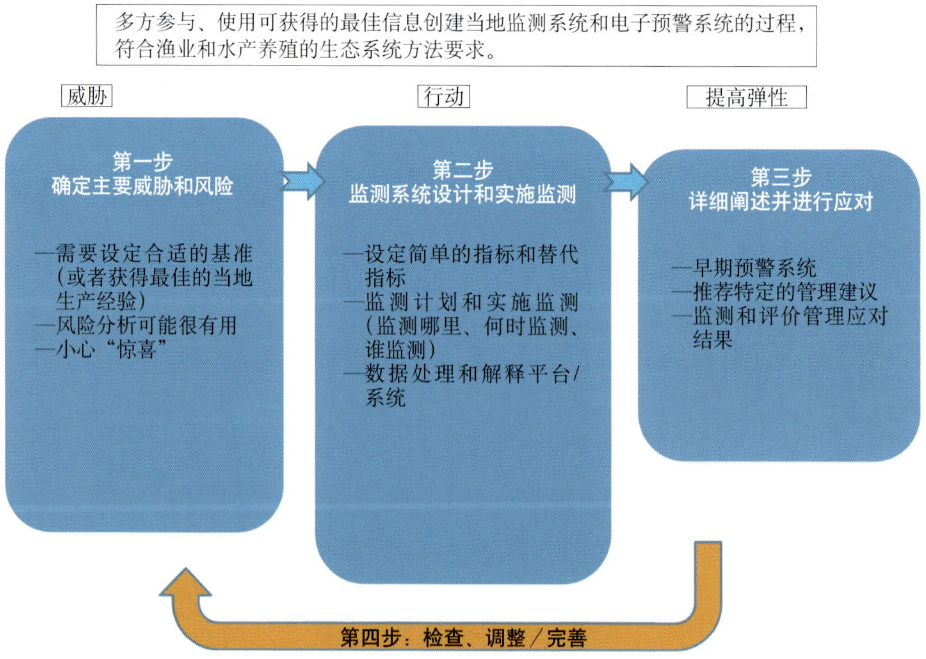

图6 本地监控和早期预警系统建设步骤示意

> ⊙ **插文18　美国太平洋贝类孵化场的早期预警系统**

沿美国西海岸的贝类养殖是一项价值1.11亿美元的产业，为俄勒冈州和华盛顿州提供了数千个工作岗位。几年前，对整个西海岸的贝类养殖都至关重要的俄勒冈州和华盛顿州贝类孵化场曾一度濒临倒闭。俄勒冈州的科学家们发现，太平洋上二氧化碳含量升高是导致2005年南塔特湾（Netarts Bay）威士忌溪贝类孵化场牡蛎幼苗无法存活的罪魁祸首（Barton等，2015）。太平洋西北部海域的海水特别容易受到海洋酸化的影响。包括沿岸上升流在内的区域海洋运动过程加剧了全球二氧化碳排放的酸化效应。沿岸上升流将富含二氧化碳、pH低的深海海水带到孵化场所在的沿岸地区。美国联邦政府和州政府投资对沿海海水进行监测，帮助贝类孵化场的管理人员实时获取进入他们孵化场的海水的相关数据。该数据提供了早期预警，提前一到两天就可以警示寒冷、酸化的海水将到达敏感的贝类孵化场所在的沿海水域。这些数据帮助孵化场经理在水质良好的情况下安排生产，预估是否需要缓冲或调整进入孵化场的海水的化学成分，避免在水质很差的时候浪费宝贵的能源和其他资源。

来源：西北网络化海洋观测系统协会（NANOOS）。网址：http://www.nanoos.org/home.php。

（3）脆弱性评估和评估工具

气候变化对农业生产能力和农业其他方面的冲击可能会对家庭收入和粮食安全产生不同的影响。生计的脆弱性取决于当地社区是否有能力发展替代被冲击产业的新的生产系统，从而避免农业收入的损失，维系农产品自给自足，或者继续向城市市场供应食品。脆弱性评估研究和识别那些生计弹性特别低的地区、家庭或群体。这有助于那些编制适应气候变化计划的制订者针对脆弱人群（如老人、无土地的人和妇女等）采取优先行动。脆弱性评估为制定旨在提高农业生产系统和农业生计弹性的战略提供了基础。

随着以前的评估已经获得了气候变化对农业潜在影响的知识，脆弱性评估可通过自上而下的方法评估农业生产系统的适应能力来实现。对于社会生态气候方面的知识以及农业、林业和渔业系统的脆弱性（例如通过自然植被对牲畜的间接影响，对鱼类的直接影响，对森林依赖型社区的间接影响，对生产和收获后基础设施的直接影响，海上安全，市场准入等），也需要充分认识并不断改进。

另一方面，自下而上的评估方法更侧重于收集不同的指标，这些指标从显示农业部门脆弱性的特定指标到各种风险指标都有，也包括气候变化风险。有多种可能的指标，包括社会经济资源、技术、基础设施、信息和技能、制度、生物物理指标和公平指标等（Desai 和 Hulme，2004；Brugere 和 De Young，2015）。气候变化是造成粮食不安全的诸多风险和影响因素之一，它还可能将现有的脆弱性进一步放大。应在更广泛的社会经济和环境条件下看待农业应对气候变化的脆弱性。只有结合社会和环境的大背景，才能更好地分析他们的适应能力和对潜在威胁的脆弱性。

（4）适应性方案评估和评估工具

在对气候变化影响、风险和脆弱性进行评估之后，就可以给出气候变化的预期影响，运用这一信息，适应性方案评估就可以检验不同的适应性方案在多大程度上能实现提高生产能力、提高气候变化适应能力和改善粮食安全的目标。这有助于从业者识别有效的适应性方案。

支持适应性方案评估的工具少，包括从各层面（全球、区域、国家、地方）的气候和作物定量模型以及家庭层面的统计分析到政策和制度的定性评估。虽然全球模型对把握气候变化模式和预测未来变化非常重要，但对当地而言它解决问题的能力有限。为了更好地了解气候变化对当地的影响以及适应当地的应对措施，将气候变化对粮食安全影响的模型进行降尺度是必须的。地方机构需要培养它们的能力，要能够使用这种空间辨识度高的模型，采用适应当地需要的措施，正如气候变化对农业影响的模拟系统（MOSAICC）所做的那样。

一套完整的评估工具还应包括统计分析，从而将上述气候数据与大量农户的家庭数据和其他收入数据、适应性战略以及粮食安全成果等结合起来，以理解采取适应性方案存在的障碍及其对生计的影响。鉴于气候变化既会带来极端的变化，也会带来缓慢的变化，因此这种分析需要形成制度，定期进行，以持续追踪农业生态系统和社会经济系统的变化。国家统计机构可以将定期收集与气候变化和适应措施有关的数据纳入其已有的统计工作内（如农业普查或生活标准调查），以确保能定期收集特定地点的相关信息，支持相关机构和人员做出基于证据的决策。

定量分析可以与对当地制度和政策的定性分析相互补充，从而对适应性措施提供进一步支持。政策制定和协调性分析有助于确保上述战略得到及时调整，并能在家庭或社区层面得以执行。情景分析是将定性分析与定量模型相结合的另一种工具，在预测的气候变化和社会发展路径下，它可以帮助政策制定者在不同的未来情景下制定不同的政策。

适应性方案的效果评估是对气候影响和脆弱性评估的扩展。在掌握了气候变化的潜在影响和脆弱性之后，就可以分析和确定适合当地条件的最佳适应性措施。在理想的情况下，利益相关者应参与方案执行和结果评估，并帮助确定和选择合适的、可行的适应方案。在农场层面，基于过程的作物生长模型可以用来识别能提高产量的管理方法。经济模型可以发挥很好的模拟作用，例如模拟化肥补贴对产量、市场价格和农业收入的影响。采取筛选分析法较简单易行，评估者只需要就适应性措施的有关问题回答"是"或"否"。那些得到最多"是"的适应性方案就可以赋予最高优先级，或者可用定量分析模型对其进行进一步评估。在多标准评估中，利益相关方要确定评估标准。通用的指标就可以定义为评估标准。评估人员要根据每个标准对适应性方案进行打分。在成本效益分析中，对产生相似结果的情况下，就是对不同适应性方案的相对成本进行比较（联合国气候变化框架公约，2010）。

分析评估应辅以自下而上的方法，在该方法中，当地社区充分参与其中，在给定的当地的气候、社会经济和环境状况下，当地男女农民和其他农村居民讨论并形成他们愿意采用的最佳适应措施（基于社区的适应措施）。这使将当地传统知识与科学知识联系起来成为可能。此外，它还使受影响的人群有机会识别出干预措施可能产生的预期之外的结果，并讨论如何解决这些问题。当不同适应性方案的比较优势不明显时，可以通过经济分析或非经济评估的方法对这些方案的成本收益进行评估。无论哪种方式，都需要对一些成本和收益指标进行估算（世界银行，2009）。

全面的适应战略应同时强化农业生产者和全体人口的粮食安全，这往往需要依赖生产力的可持续增长。针对特定粮食安全问题的额外评估标准可能也需要纳入脆弱性和适应评估体系。考虑到气候预测存在巨大不确定性，适应策略应该能够应对多种不同的气候状况及其造成的后果。例如，通过情景模拟评估可以模拟出不同气候变化状况下不同适应方案所产生的结果，从而指导粮食不安全的、脆弱的群体在气候变化不确定的条件下选择出适应性很强的方案。建立和开发的这些分析工具必须通过培训和推广才能确保它们得到使用，确保这些工具识别的可行的农业解决方案能够得到采用和维持，有利于这些工具得到高效使用。

（5）早期预警系统

早期预警系统对于强化各个层级的主动决策都至关重要，它可以减少旱期、旱灾、霜冻和热带气旋等极端天气的影响。举例来说，FAO农业压力指数系统（ASIS）利用植被和地表温度数据来监测植被指数，能发现作物可能受到干旱影响的热点地区。这一系统对全球粮食和农业信息及早期预警系统（GIEWS）的粮食安全监测做出了巨大贡献。分析气象数据以及物候、土壤和农业统计信息，可以提供作物状况（作物预测）的近期即时信息，包括质量和数量，还可能进行提前预警，以便及时干预。虽然这种农业气象监测系统越来越多，但及时有效地将信息传递给用户仍然是一项重大挑战。除了有针对发生过程长达几天甚至几个月的水文气象事件的预警外，许多发展中国家还没有针对短期突发事件，如山洪暴发、山体滑坡和风暴潮等的预警系统。

在全国和当地层面，为农民、渔民和林业从业人员量身定制的天气/气候信息系统和改进对农业支持服务的宣传，可以强化风险和机会管理。要根据预测地点和预测周期改变预测方法。根据预测结果就可以为农业提供建议。多年来，能够提前一周的天气预报的准确性一直在稳步提高（Bauer，Thorpe和Brunet，2015）。短期预测可以用来通知农民种植、除草、施肥、管理害虫、收割和干燥（Salinger，Stigter和Das，2000）。基于农业气象的监测和短期天气预报，可以提高灌溉效率。FAO的局部气候信息系统的运行经验显示，应该将信息提供者和信息使用者连接起来，定制气候影响预测和农业管理措施选择的信息产品供农业部门使用。

天气/气候预报和早期预警系统的准确性依赖于数据的可用性和可得性，其中包括每小时/日/月的天气数据；极端天气的异常状况及其影响、卫星气象监测数据、植被特征数据、作物前景预测数据、粮食状况和食品价格数据。但是，过去几十年，对气象站监测和观察的支持却稳步下降，主要是由于许多区域和国家的支持项目不具有连续性。迫切需要对持续性的业务观察、数据收集和监测机构能力进行投资。

应当开发不仅能监测气候变化冲击，也能监测病虫害或水质等其他因素的系统。FAO的沙漠蝗虫早期预警系统就是如此，可以监测天气、生态环境和全球蝗虫情况，并向受影响国家提供蝗虫繁殖和入侵的预报和预警。插文18是一个美国太平洋贝类孵化场早期预警系统的例子。

信息需要以一种容易理解的模式进行发布，并且能够以及时、容易访问的方式让终端用户在本地应用（Winsemius等，2014）。信息和通信技术提供了建立双向通信系统的契机，在这一系统中，农民、渔民和森林居民是监测系统的重要组成部分，他们既能接受也能反馈信息。为了保证农业气象信息能够真正支持从业者做出科学适当的决策，就需要提供足够的支助，提高有关机构和人员的相应能力。这一判断适用于信息流的两端：作为信息的提供者，要提高国家气象服务和农业服务网络机构的能力；作为信息用户，要提高农民和推广服务人员的能力。气候智能型的农民田间学校可以整合诸如天气、气候信息产品和各种资源等主题，以及如何理解并将预测纳入农民的决策过程。

农民可以通过金融保险（农作物保险、牲畜保险）来对冲极端天气风险。

在过去的10年中，作为一种有效途径，以天气指数为基础的险种在发展中国家被越来越多地开发出来。保险赔付不是由作物的损失触发的，而是源自与作物产量相关的天气指数到达某一水平来触发的。这样做的主要好处是保险公司不需要再去做损害评估。因为损害评估可能是昂贵和冗长的，可能造成延迟付款，从而无法在最需要的时候进行赔付。天气指数可以基于降雨、水分胁迫、干旱或其他气象变量。基于天气指数的保险有作为适应工具的潜力，未来必须加强收益的量化研究，以及研究如何利用卫星数据改进指标等（Leblois 和 Quirion，2011；de Nicola，2013）。

2.6　通过政策和制度建设加强适应性

上述经济和技术选择需要得到适当的政策和制度的支持和补充，并在这些政策和制度之间架起桥梁，将气候变化问题纳入食品和农业政策整体考虑。要在制定气候应对政策时更加突出农业的特殊性，以及它在粮食安全与营养问题上的关键作用。

就食物生产者适应气候变化这一内容而言，在国家和全球层面有几种比较突出的政策和制度：

（1）支持食物生产者，特别是小型食物生产者适应气候变化的政策和制度。

（2）推动和支持在某个区域（例如某一流域、某一森林）或者部门内共同拟订和执行适应行动的政策和制度。

（3）致力于预防和管理可能因气候变化而改变的特定风险和脆弱性的政策和制度，如植物病虫害、动物疾病、物种入侵和野火等。

本节将分析这些国家层面的政策和制度，随后还会分析国际贸易的潜在作用和加强国际合作的重要性。

2.6.1　制定制度和政策支持生产系统向更有弹性的系统转变

（1）支持食物生产者，特别是小型食物生产者适应气候变化

为了建立新的、更有弹性的生计，农民、牧民、渔民和森林工作者需要在支持这种变化的体制环境中工作。目前还缺乏对小农生产者的此类扶持政策和制度环境。

增加和稳定农业生产回报的体制安排是非常重要的。是支持还是阻碍农民和渔民转移到更高弹性的系统中，在这一问题上，农业投入和产出市场发挥着核心作用，但农村信贷和保险等制度、农业推广、土地和水的使用权安排、

投入品补贴计划等都扮演着非常重要的角色（McCarthy 等，2010；Asfaw，Coromaldi 和 Lipper，2015；Asfaw 等，2015c；Asfaw，DiBattista 和 Lipper，2014；Arslan 等，2014；2015b；Arslan，Belotti 和 Lipper，2015）。在气候变化的情况下，为了使粮食生产者获得适应变化所需的材料和非物质投入，并使他们能够销售其多样化生产活动所产出的产品，将小农与地方、国家和区域市场更好联系起来显得更加重要。建立这些市场联系还需要对中小型食品加工企业、零售和批发环节的小贸易商进行投资。价格波动是小农投资的主要障碍。政府干预对于降低入市交易成本和建立监管工具，从而弥补小农及其组织与其他缔约组织之间的经济和政治权力差距是非常重要的。

需要制定政策来降低金融风险、降低交易成本、方便货币兑换、保障能够获得金融服务并促进长期投资，比如安全储蓄存款、低息贷款（如通过联保贷款，一种连带责任团体贷款）和保险（如基于天气指数的保险等）。必须解决和支持小农和农户家庭生产资本支出（肥料、种子）以及中期和长期投资的资金需求。在进行风险管控制度建设方面，民间社会和私营部门可以发挥重要作用。

（2）支持和促进共同行动

气候变化使支持共同行动的需求更加突出。这就需要制定适当的政策和制度，以促进和支持在某一空间（例如流域、森林）或部门内以集体方式共同拟订和实施适应性方案。例如，沿着食物链制定政策和制度，包括增加和完善储存设施。这可以通过提高决策的包容性和透明度来实现。长期而言，还要有激励措施来推动那些能产生公共和集体利益的适应性措施。对于自然资源管理这一点尤其重要（Place 和 Meybeck，2013）。

为了支持景观恢复，跨部门协调必不可少。各机构通常相对独立地开展工作，目标优势甚至相互矛盾。出现这一问题，至少部分是制度问题，这些制度在土地利用规划和管理方面缺乏密切合作。就生态系统和土地利用而言，的确需要通过改进的、多部门合作的土地利用制度来综合管理森林、树木、土壤和水等自然资源（Braatz，2012）。

建立弹性的真正行动在底层。在建立或加强当地治理机制时利益相关方的参与至关重要。要做出适当和及时的决策，采取行动形成和维持有弹性的系统，必须需要这样的治理机制。这样的地方治理机制非常灵活，可以对气候变化做出快速和有效的反应。对灵活利用资源的需求可能会增加，这对土地权利保障项目的设计非常重要。在气候变化背景下，考虑到妇女、贫困人口和边缘群体的利益，通过各利益相关方参与对话来改善土地和水权制度的管理，是一个很好的选项。例如，过去几十年的经验表明，当地社区的参与和通过协商制定的合法分权制度安排，森林可以得到很好的管理，退化的森林也能恢复（FAO，2013d）。有许多这方面的例子，如林场生产者组织 [FAO/全球农业组织联盟（AgriCord），2012] 和社区林业组织（例如尼泊尔的社区森林用户组织）的例子。社区渔业团体和组织也与此类似。

社会网络也是地方治理的重要组成部分，有助于为应对气候变化提供有效的应对措施。由于社会和经济的变化，在许多地区，传统形式的互助互惠工作（例如，水土保护和轮作）已经被部分或完全放弃了（FAO，2013d）。鼓励在那些能够恢复这种工作的地方保存和恢复这一传统可能是非常有益的。为了分享适应气候方面的信息和经验，鼓励非正式的社会网络也有助于建立整个社会对气候变化的弹性。这些网络可以在建立监测、检查和早期预警系统方面发挥关键作用。

（3）风险管理

气候变化带来了新的风险并改变了现有的风险（FAO/经济合作与发展组织，2012）。更好地管理风险被政府间气候变化专门委员会认为是适应气候变化的一项关键性措施，但它的实现需要适当的制度和政策支持。大多数情况下，这些制度和政策都是针对特定部门和特定风险的，但它们也有一些共同点。

例如，评估风险、脆弱性和适应性选择的系统可以帮助确定个人决策和行动的方向（见2.3）。气象站、天气和气候预测工具、产量响应模型、环境监测工具和脆弱性评估可以用来确定当地未来气候将如何变化，及将对生产产生什么影响。这些都是建立早期预警系统和开展适应性方案评估的关键。

公共、私人和民间团体的利益相关者在降低信息成本和信息障碍方面发挥着关键作用。除了通过强化推广系统来更好地传播针对特定地点的信息外，诸如电台广播、信息和通信技术（ICTs）等也是可以利用的工具。在许多国家的农业价值链中，相关公共和私营部门的从业者已经在通过信息和通信技术传播实时天气信息。这种实时信息还可以进一步大幅扩展，将其他与风险相关的信息，包括病虫害等纳入其中。

实施综合风险管理战略，需要更好地把握在气候不确定条件下不同风险管理工具的稳健性，也需要从国际层面到地方层面的各级公共、私人和社会团体协调行动（世界银行，2013）。各国政府可以提供前瞻性和综合性的风险管理机构，比如建立可以协调风险管理战略的国家委员会；提供当地和全球层面的风险监测、预防、控制和应对机制；提供私营部门参与风险应对的激励措施。保障最低收入或获得食物的社会保障方案，通过对生产选择和价格的影响，也能发挥潜力。

最后，同样重要的是，制定适当的政策和制度对于生计多样化战略也至关重要。生计多样化是小农和农户家庭最有效的风险管理策略之一。根据具体情况，多样化既可以是指土地利用多样化，也可以是收入来源或者是劳动力多样化。农业发展政策需要把多样化作为一个主要组成部分来推进，而地方机构需要通过提高信贷、保险以及信息和培训的可获得性来支持多样化。

（4）将气候变化应对纳入所有农业和粮食安全战略及政策

需要调动大量的政策和工具来提高农业和粮食系统应对气候变化的弹性。

这就需要制定综合性战略。战略首先要涵盖农业和粮食安全政策和措施，同时还要涵盖与水资源管理、土地和自然资源管理、农村发展和社会保护等有关的政策和措施。可以将它作为国家或国家以下各层级适应战略和计划的一部分。

要从整体上推进农业发展，就要在气候变化的背景下，充分考虑粮食安全和营养的需求，并与相应的实践、政策、机制和金融资源相结合。正是基于这样的目标，FAO在2010年提出了气候智能型农业（插文19）的概念。它可以帮助农业领域的决策者，包括从农场到国家政府各层级的决策者，在他们的行动和政策制定中充分考虑气候变化和粮食安全。

⊙ 插文19　气候智能型农业

气候智能型农业（CSA）是一个较新的概念，最初由FAO于2010年在海牙农业、粮食安全和气候变化会议上提出，旨在解决气候变化条件下农业和粮食系统的管理战略问题。气候智能型农业是在特定的制度中，旨在确定和执行实践、政策和制度中的改变的方法，从而实现三个主要目标：①可持续地提高农业生产能力，从而支持收入、粮食安全和发展的平衡增长；②建立从农场到国家层面的气候变化适应弹性；③扭转过去的趋势，寻求减少农业温室气体排放的机会。实现这样的目标需要以事实为依据，并需要所有利益相关方参与。气候智能型农业的概念并没有明确定义哪类实践是气候智能的，这是因为是否"智能"取决于所在环境。在农业系统乃至更广泛的食品链领域，已经有相当多的信息表明一些类型的实践有助于实现气候智能型农业的三个主要目标。现在还需要提供恰当的环境和激励措施，来鼓励利益相关方采取措施进行转变。

（5）确保气候变化战略和政策中农业部门、粮食安全和营养关注一体化

所有经济部门中农业部门受气候变化的影响最大，正如本书所分析的，气候变化关系到一系列粮食安全问题。这就要求在气候政策和工具选择中更好地认识到农业部门和粮食安全的重要性和特殊性。国别特定的气候管理工具，如最不发达国家（LDCs）制订的国家适应行动计划（NAPA）和正在制订的国家适应计划（NAP），旨在确定该国对气候变化的脆弱性及解决这些问题的方法。

对国家适应行动计划中行动的排序包括明确最迫切的需求，考虑各部门的脆弱性、各群体的脆弱性、对粮食安全和减贫的贡献，以及经济成本。这些标准以及对它们的使用方式，将粮食安全、农业和自然资源管理问题置于国家适应行动计划的突出位置。事实上，对优先项目的分析表明，绝大多数优先项目都与农业部门和粮食安全有关（Meybeck 等，2012）。由于这些优先措施是各国自己选择的，在利益相关方参与循证过程后，毫无疑问，最不发达国家对气候变化的适应首先体现为农业对气候变化的适应。尽管各国情况都不同，但整体而言，这些优先措施覆盖的范围广，包含了提高农业弹性的多种方式。因此，它们构建了一个极有价值的基础，可以用来确定工作和研究的优先领域，以便更好地满足最脆弱群体的需要。当把这些措施汇总起来，也就形成了一个措施数据库，这对制订国家适应计划来说极其有用。

《联合国气候变化框架公约》缔约方会议邀请所有成员在第21次缔约方会议前通报它们的国家自定贡献预案（INDCs[①]）[②]，以实现公约第二条的目标。将适应气候变化纳入自定贡献预案的大多数国家都提到了制订国家层面的适应计划和战略，其中一些国家表示正在制定国家适应计划（NAP），大多数国家预计将在2020年制定完成。特定的政策、措施和倡议经常被提及，提及到最多的领域是水、农业、健康、生态系统、林业和基础设施。一些行动计划还提到需要处理跨领域的问题（联合国气候变化框架公约，2015）。

在坎昆适应框架（CAF）下启动了国家适应计划的编制。它使各国制订和实施国家适应计划，明确中期和长期适应性需求，并出台和实施满足这些需求的战略和方案。这是一个持续、渐进和反复的过程，遵循国家推动、性别敏感、互动参与和完全透明的原则[③]。这是将农业部门和农业从业者的关注和需求整合到国家战略和政策中的关键契机。为了便于将粮食安全和农业的关注整合到国家适应行动计划，既需要提供信息使非农业专家明白问题到底是什么，

---

① http:// UNFCCC.int/focus/indc_portal/items/8766.php。

② 如缔约方会议所指出的，国家自定贡献预案中的信息应包括：参考时点的量化信息（要选择适当的基年）；预案执行的时间框架和时长；范围和覆盖面；规划过程；假定和方法论，包括对人为温室气体排放的估算方法；基于自身国情，缔约方是否认为自己的自定贡献预案是公平和有雄心的，以及该预案是如何推动实现《公约》第二条设定的目标的。

③ http:// UNFCCC.int/adaptation/workstreams/national_adaptation_plans/items/6057.php。

又需要提供信息使农业利益相关方能够更好地识别和理解中长期中最为紧迫的问题，从而使他们能够有效参与这一进程。FAO 和联合国发展计划署一直致力于在这一过程中为各成员提供支持。

2.6.2　强化市场和贸易保障粮食安全的作用

全球市场和贸易可以在食品价格和供应方面发挥稳定作用，并能通过改变生产条件或发现能更高效（包括环境成本和经济成本都很高效）生产食物的地区来为受冲击的地区提供替代性食物选择。但是不能将仅仅依靠贸易作为一个充分的适应性策略，因为需要权衡多种因素。预计气候变化将引起更大的市场波动和价格波动，依靠进口来满足粮食需求可能会增加暴露于上述波动的风险。举例来说，2010 年夏天俄罗斯西部极端高温和森林大火令该国小麦减产1/3，该国随后的粮食出口禁令导致全球小麦价格上涨，从而影响到巴基斯坦和埃及等国的城市低收入人群。

到目前为止，将气候变化和贸易联系起来的经验证据并不完整，而且未来气候变化结果与气候和贸易政策发展的不确定性，通常使人们对这一经验证据更加存疑。在气候变化的背景下，要得出更有力的贸易分析结论，应该将气候对农业生产的直接影响、需求侧驱动因素（例如消费者饮食习惯、标签、补贴）、资源约束（如气候引起的灌溉用水短缺）以及气候政策（例如碳排放税、标准、生态标志）结合起来考虑。此外，气候和贸易之间的双向联系也并未有定论，贸易增长对环境影响的许多问题都还没有得到解答，例如生物燃料贸易扩张间接带来的土地用途变化。

气候变化从根本上改变了全球粮食生产模式，考虑到气候变化在低纬度地区的影响预计会更加严重，这很可能放大发达国家和发展中国家之间的已经存在的不平衡。在区域和次区域层面，也存在气候变化影响的区位差异，特别是如果海拔高度区别较大的话情况更突出。因此，气候变化及其应对政策会对全球贸易格局产生重大影响（Elbehri，Elliott 和 Wheeler，2015）。除了气候变化对初级产品生产的直接影响外，不断变化的社会经济状况还可能改变农业比较优势和贸易流向，并可能改变未来的国际竞争力对比和农产品贸易格局（Ahammad 等，2015）。

气候对未来粮食供应的影响清晰地表明，随着低纬度地区生产和出口潜力被削弱，高纬度地区对低纬度地区的贸易会增长，贸易的作用将进一步加大。由于干旱和极端天气事件会增加，据预测，气候变化还会导致全球粮食净供应的巨大变化。气候变化可以通过改变国家的比较优势来改变贸易流向，而更频繁的极端天气则会对运输、供应链和物流造成扰乱，从而对贸易产生不利影响（Elbehri，Elliott和Wheeler，2015）。

因农产品本身的特征所决定，农产品市场必然会经历波动，在这一过程中偶尔的价格波峰比严重的价格低谷更有可能发生。然而，全球市场功能的不完善，无疑放大了2006年以来的价格波动。这对贫困人口造成了毁灭性的影响，同时也给政府带来了财政和货币问题（粮食安全和营养高级别专家组，2011）。正是因为上述原因，为了降低波动性，最近有很多优化全球粮食市场运作可行方法的研究。

经过激烈争论，大家已经达成共识，众多控制全球市场粮食价格的提议都不太可能有效果。国际缓冲库存成本很高，且容易受到投机资本攻击，历史上的例子也表明它们不起作用。由参与期货市场的各国政府创造的"虚拟"储备（译者注：指粮食期货）可能会起到适得其反的效果，并将更多的利润拱手让给投机者。人们普遍认为，试图限制投机资本流入期货市场的做法是行不通的，还可能会削弱投机者在缓解市场波动方面的合理作用。要控制波动，还有不少政策可用，如关税、进出口限制、价格控制、干预性收购、定量配给、消费者补贴、差价补贴，但所有这些手段都有经济代价，还可能带来意想不到的后果（FAO等，2011；Tangerman，2011）。相反，人们将关注进一步集中在三种可能有助于降低市场波动的措施上，即：减少贸易限制、扩大和深化市场、改善信息流。

（1）减少贸易限制

各国对农产品贸易的保护是其他产品的4倍（FAO等，2011）。大国采取的贸易和补贴政策是顺周期的，在价格低的时候进一步压低世界价格，并在价格高时进一步推高世界价格。无论是发展中国家还是发达国家实施出口限制都可能具有相当大的破坏性，导致世界市场恐慌，并让食品进口国付出巨大的成本。

国际粮食市场的稳定是全球公共产品，同时也是集体行动所面临的问题。只有所有国家同心协力，才能实现全球合作，而这相当不易。在20国集团（G20）一份联合报告中（FAO等，2011），一些多边机构敦促各国不要在没有充分考虑对全球粮食安全影响时就实施出口限制，并呼吁强化世界贸易组织（WTO）关于紧急时期使用出口限制的规则。报告建议，至少要对紧急粮食援助，比如世界粮食计划署（WFP）所需要的紧急粮食援助免除出口限制。这些机构还呼吁通过世界贸易组织多哈回合谈判，逐步减少食品和农产品领域的贸易壁垒（FAO等，2011）。此外，同样重要的是，要认识到对最不发达国家给予特殊和差别待遇的必要性（粮食安全和营养高级别专家组，2011）。许多发展中国家都在更加积极地发展其国内农业，这是很有意义的，但是需要关税和其他贸易政策措施支持。

（2）扩大和深化市场

许多发展中国家的粮食市场运行不畅，这是因为这些国家基础设施落后，制度不健全，并缺乏适当的监管。完善国内市场功能能够缓解波动，促进过剩的粮食跨地区转移，并能逐步加强对价格波动的管理。特别是在开发农业市场和价值链的过程中允许小农参与至关重要。这意味着通过市场整合降低了交易成本（FAO，2011c）。

应帮助发展中国家建立当地的商品交易所，包括衍生市场或期货市场（Tangerman，2011）。对于农产品衍生品市场，要想使其在套期保值和价格发现功能运行良好，恰当的监管必不可少。特别是，期货市场的交易需要有更高的透明度，尤其是交易不受商品交易所监管的场外交易市场（OTC）的透明度（FAO等，2011）。

应该探索降低商品价格风险的新工具。应对价格波动的策略是建立允许政府和供应链上的中间机构去应对价格波动，而不是试图减少或消除这种波动的机制（Gilbert和Tabova，2011）。例如，已有建议提出，全球小麦合约应明确出口交货地点在主产区。通过在世界范围内指定交货点就可以确定"最便宜的交割"来源，这也可以看作是一个价格和区域供应能力的信号系统。发展中国家可以利用这一工具签订期货合约或购买期权，这能帮它们锁定未来粮食进口的价格，从而管理财政风险。作为这个系统的一部分，应当建立国际粮食清算安排以帮助发展中国家避免交易对手风险。国际粮食清算安排将储备一定数量的粮食，确保在危机时也可以完成粮食实物交割（FAO等，2011；Tangerman，2011）。这类建议有助于确保全球商品衍生品市场对低收入国、粮食进口国有利，但这类建议也还需要进一步研究。

（3）改善信息流

缺乏及时可靠的作物供应、需求、库存和出口量信息导致了最近粮食市场的价格波动。2011年，农业市场信息系统（AMIS）已得到了20国集团农业部长和世界粮食安全委员会（CFS）的批准，其目的就是要减少价格波动。农业市场信息系统是增加全球粮食市场透明度和政策协调的跨部门平台。参与国包括G20成员、西班牙，以及7个全球主要的谷物出口国或进口国（越南、菲律宾、埃及、乌克兰、哈萨克斯坦、尼日利亚和泰国）。该系统由FAO主持，它联合了全球市场的主要参与者，覆盖全球85%的谷物消费。

农业市场信息系统监测全球小麦、玉米、大米和大豆市场，以便及时发现需要采取国际性政策行动的情况，必要时，还能将主要出口和进口国家召集在一起，共同确定和执行合适的解决方案。该系统以生产、消费、库存和贸易为重点，提供关于粮食市场情况的定期、准确和及时信息。通过定期交流，这些信息和国际市场情况分析能够在FAO信息系统的市场分析专家和各成员之间分享。可靠信息的交流和传播能帮助成员削弱谣言影响，减少基于错误事实的投机，避免草率和不恰当的政策措施。从这个意义上讲，市场透明度和国际政策协调有助于公平的贸易和粮食安全。

卫星数据支持的气候科学也可以帮助提供粮食安全危机和人道主义危机相关的预警（Selvaraju，Gommes和Bernardi，2011）。

2.6.3　加强区域和国际合作

因为气候变化，很多产品的生产不得不进行转移，包括从一国转向另一国。这就需要强化区域和国际合作来促进知识交流、管理库存、交换和利用遗传资源和实践。本节将在风险管理和遗传资源利用两个非常不同的领域，列举两个对适应气候变化有重要作用的国际工具的例子。

气候变化导致的诸如植物病虫害、动物疫病、物种入侵、野火等会改变特定的风险和脆弱性，而那些致力于预防和管理这些风险和脆弱性的政策和制度主要是当地和国家层面的，但它们也能得到国际合作和国际工具的有效支持。需要加强国际合作来预防和管理跨国界的风险，如植物病虫害和动物疾病。例如，防治植物害虫的全球合作就是通过国际植物保护公约（IPPC）组织开展的。

气候变化很可能需要更多的国际遗传资源交流，因为各国都在寻求适应性强的作物、牲畜、树木和水生生物品种。未来，各国在使用遗传资源方面相互依赖的情况会更明显，这就突出了国际合作在遗传资源管理中的重要性，同时也要求确保建立相应机制，使这些遗传资源能够在国际上公平、平等（生态上是适宜的）地进行交换（FAO，2015a）。

（1）国际植物保护公约

全球防治植物害虫的合作通过国际植物保护公约组织实现。《国际植物保护公约》（以下简称《公约》）是一项国际植物健康协议，旨在通过防止害虫的引入和传播来保护种植植物和野生植物。该《公约》现有182个缔约方。它被世界贸易组织《实施卫生与植物卫生措施协议》（SPS）认定为唯一的国际植物健康标准的制定机构。该《公约》也是旨在在国家、区域和国际层面实施行动以实现植物保护和可持续利用目标的7个与生物多样性有关的公约之一。国际植物保护公约总部设在罗马，受到FAO的支持，目标如下：①通过防止虫害蔓延，保护农业可持续和强化全球粮食安全；②保护环境、森林和生物多样性不受植物病虫害破坏；③以科学的植物卫生措施来促进经济和贸易发展；④为完成前三个目标，帮助成员建立植物卫生检疫能力。

《国际植物保护公约》规定，遵守《公约》的缔约方在进行植物检疫时，应遵守国家植物保护组织（NPPOs）的规定。具体来说就是要首先制定国家植物卫生检疫法和明确实施法律的官员。

植物和植物产品可能受到害虫的感染。这些产品的安全贸易要通过签发植物检疫证书来保障，该证书由国家植物保护组织的官员签发，表明这些产品没有遭受害虫感染。国家植物保护组织工作人员有责任确保在他们国家生产的植物和植物产品没有检疫性有害生物。这些工作人员还要对从港口和机场等入境点进口的植物和植物产品进行检查。他们还要在其国内开展虫害监测和防治工作。气候变化可能要求进一步的核查、检查、监测和控制，以防止现害虫的引入。除了国家植物保护组织官员们开展的工作外，国家植物保护组织技术专家还在努力评估新害虫的风险以及研究应对措施。专家要通过对有害生物风险的分析，尽可能充分地预测风险，考虑哪些新的害虫可能被引入，以及如何预防它们。利用地理信息系统的系统工具和方法可以确定有害物种在气候变化情况下的分布范围。《公约》鼓励缔约方共同努力，掌握为促进贸易所应采取的最佳行动，并特别强调协助发展中国家执行《公约》标准。

（2）《国际粮食和农业植物遗传资源条约》的作用

《国际粮食和农业植物遗传资源条约》（以下称《条约》）是一项具有法律约束力的国际文书，用于管理和交换粮食及农业领域的植物遗传资源，并确保这些资源所带来的利益被公平、平等地分享（FAO，2009a）。该《条约》的136个缔约方承诺保存遗传资源、交换信息、转让技术、建立保存和可持续利用植物遗传资源的能力，并分享源自这些资源的利益（FAO，2012c）。

《条约》认为国家间在粮食和农业植物遗传资源（PGRFA）方面高度互相依赖，并在国家层面为保护和可持续利用作物多样性而采取的措施和活动提供指导。具体而言，包括对作物潜在有用特性、遗传多样性的农场管理与基因库保护之间的互补性以及农民权利（旨在支持农民和原住民保护他们农场作物的多样性）的描述和评价。

准入和利益分享的多边体系建立了全球作物基因库，是农业科研和新品种育种可以很便利地使用该基因库。这个基因库包含了来自64种主要作物的230万份记录，这些作物占人类从植物摄取热量的80%以上。这些样本来自该体系的缔约方、国际机构（如国际农业研究磋商组织的国际基因库）、自然人和法人。这些资源根据一套公共规则进行管理，这套规则不仅规范了如何获取这些植物遗传物质，还规定了应如何分享利用这些遗传资源所得到的研究成果和育种成果。这便利了遗传资源的获取和交换，因为消除了两两之间逐个遗传资源谈判的交易成本（参见http://www.planttreaty.org/node/5851）。

"引领田野"倡议及其利益分享基金（BSF）[①]重点向那些对发展中国家保护和可持续利用作物多样性资源有较大影响的项目提供支持，着重帮助农民适应气候变化，从而确保可持续的粮食安全（见插文20）。自利益分享基金成立运行以来，促进了持续的研究活动，支持对4 679种不同作物的种质资源（水稻、豆类、大麦、高粱、柑橘、小米、扁豆、玉米、马铃薯、高粱、番茄和小麦等）的描述和评价。通过这些活动，确定了178个针对不同生物和非生物威胁具有很强潜在抗性的种质资源和26个适应气候变化价值很高的候选基因，同时培育了96条新的育种线。特别值得一提的是，除了对耐高温、干旱和寒冷的种质资源进行了研究外，还对6种主要作物疾病具有很高抗性的种质资源和抗性特性进行了研究。

> ### ● 插文20　利益分享基金支持项目的一些成果

利益分享基金支持的项目通过将作物品种从基因库转移到农民手中或在农民之间流动，来帮助农民获得作物遗传资源（见http://www.planttreaty.org/content/benefit-sharing-fund-crop-diversity-food-security）。印度、摩洛哥、秘鲁和突尼斯的合作伙伴从事良种繁殖，为农区提供了大量种子（FAO，2014d）。利益分享基金为社区和科学研究提供了资金，以研究超过3 200种传统和野生作物的遗传资源，确定其特定的性状，并培育新的高产品种，这些品种能适应当地条件的变化，并且对气候变化引起的压力包括病虫害有抵抗力。在第二个项目周期中，大约28个非政府组织和24个国家的基因库及研究机构联合起来，通过培育对生物和非生物威胁具有抵抗力的表现优异的当地品种和个性化品种来提高当地的物种多样性。基金资助的项目帮助印度找到了耐旱水稻品种，帮助坦桑尼亚找到了耐旱高粱品种和帮助印度尼西亚找到了具有良好洪水适应性的水稻品种（INPARA 1、INPARA 2和INPARA 3）。在肯尼亚，有两种特别高产且表现出抗瘟性的龙爪稷品种（P224和U15）被选择用于繁殖和农场推广。该项目成功地繁殖超过9吨种子，并将它们分发给1 000多名农民（FAO，2013e）。在摩洛哥，合作伙伴已经从众多品种中确定了硬粒小麦和面包小麦各自的3种最佳的种质资源，它们的特点是能够抵抗生物威胁。农民和科学家通过选择和评价找到了14个对赤斑病有抗性的蚕豆品种。在马拉维，发现了3种对干旱具有良好耐受性的高粱品种（Pirira 1、Acc 947和Acc 1065）。一种豇豆（苏丹1），一

[①]　http://www.planttreaty.org/content/training_edm3。

种珍珠小米（Nyankhombo）和一种龙爪稷（Dopalopa）表现出高产和耐旱的特性，将进一步对它们进行试验，在下一个种植机就将种到农田（FAO，2014d）。

摩洛哥和突尼斯的合作伙伴针对特定的威胁进行有针对性的育种，将耐受性品种和农民喜爱的地方品种杂交，并努力将硬质小麦中发现的针对龟甲病的耐受性纳入品种改良。这种有针对性的杂交，特别是在有完整记录记载的情况下，是增加粮食和农业植物遗传资源价值的关键。

在秘鲁的项目研发了5种基于当地马铃薯品种的新型"生物文化"品种，并以"马铃薯公园"在当地市场上实现了商业化，"马铃薯园"是它们的商标。由于当地六个原住民社区签署了一份地方利益共享协议，任何带有"马铃薯公园"商标的产品，其销售额中都要拿出固定比例用作"马铃薯公园"公共活动基金。

在坦桑尼亚、印度、危地马拉和尼泊尔，一共建设了24个社区种子库，共存储1 120种水稻、玉米和豆类品种，依托这一平台在社区层面提供了多种种子获得渠道，可以保存和恢复当地品种，并分享农业生物多样性、专业知识和经验等。

在印度，作为项目的一部分，该项目支持农民向植物品种管理局登记自己的品种。农民共提交了55份申请，包括大米、小米、小麦、鹰嘴豆和芝麻品种。此外，259名农民在登记过程中接受了培训，这使他们具备了参与作物遗传资源改良和价值增值的基本条件。

预计所有已经开展的活动都将扩展到所有农业生态区，并在其他区域进行复制推广，以确保积极影响最大化并充分利用现有的科学知识和数据。

2.7　结论

如报告所述，气候变化给生态系统、农业生态、农业生产、食物链、相关人员收入和贸易带来了一系列风险，同时给农民生计、粮食安全和营养带来经济和社会方面的影响。

预计最直接和最明显遭受气候变化影响的是那些最脆弱人群，他们的生计来自易受气候影响地区的农业部门。充分认识风险的层次结构，以及面对这些风险的脆弱环节，是构建环境适应策略的关键。减少脆弱性是减少气候变化对粮食安全和营养净影响，以及削弱其长期影响的关键。

面对气候变化，要提高粮食安全的弹性，需要采取从社会保护到农业实践和风险管理的多种干预措施。

为了保证粮食安全和营养供应，在农业和食品系统中采取适应气候变化的行动，需要切实的转变做基础，需要来自多个相关领域的投资、政策和机构支持。干预措施要实现效果最大化，就必须成为相应综合战略和计划的一部分。气候变化适应战略应该具有性别敏感性，应该是涉及多维度、多部门和多利益相关方的。它应该以一种透明的方式制定，需要充分考虑各方面因素（社会的、经济的、环境的）和实现相应转变所需的不同时间尺度。它的制定还应基于对风险和脆弱性的评估，从推进实践中汲取经验，并被定期监测、评估和调整升级。中、高收入国家的定期评估工作越做越好，但那些缺乏此类工作能力的国家还需要得到切实的支持。根据《联合国气候变化框架公约》制定的国家适应计划提供了一个良好契机，使各国能够整合粮食安全和营养需求，并以此作为关键政策目标。这些国家战略和计划还需要不断强化的国家和地区合作支持。

不同的利益相关方需要在短期内就采取适应性行动，这样才能确保行动在短期、中期和长期发挥作用。要取得一些中期和长期的效果，甚至需要立即筹划和行动，并立即落实投资。那些需要较长时间才能设计成型和落地的投资更是如此，如林业、畜牧育种、种子繁殖、研发、为适应气候变化所做的创新和知识转让等。

参考文献
REFERENCES

Ahammad, H., Heyhoe, E., Nelson, G., Sands, R., Fujimori, S., Hasegawa, T., van der Mensbrugghe, D., Blanc, E., Havlík, P., Valin, H., Kyle, P., Mason d' croz, D., can Meijl, H., Schmita, C., Lotze- Campen, H., von Lampe, M. & Tabeau, A. 2015. The role of international trade under a changing climate: insights from global economic modelling. *In* A. Elbehri, ed. *Climate change and food systems: global assessments and implications for food security and trade*. Rome, FAO.

Aksoy, A., Beverinotti, J., Covarrubias, K. & Zezza, A. 2010. Household income structures in low-income countries. *In* M. Aksoy & B. Hoekstra, eds. *Food prices and rural poverty*, 89-112. Washington, DC, World Bank.

Allen, C.D., Macalady, A.K. , Chenchouni, H., Bachelet, D., McDowell, N., Vennetier, M., Kitzberger, T., Rigling, A., Breshears, D.D., Hogg, E.H., Gonzalez, P., Fensham, R., Zhang, Z., Castro, J., Demidova, N., Lim, J.H., Allard, G. Running, S.W., Semerci, A. & Cobb, N. 2010. A global overview of drought and heat-induced tree mortality reveals emerging climate change risks for forests. *Forest Ecology and Management*, 259(4): 660-684.

Alling, A., Doherty, O., Logan, H., Feldman, L. & Dustan, P. 2007. Catastrophic coral mortality in the remote Central Pacific Ocean: Kiribati, Phoenix Islands. *Atoll Research Bulletin*, 551: 1-19.

Allison, E.H., Andrew, N.L. & Oliver, J. 2007. Enhancing the resilience of inland fisheries and aquaculture systems to climate change. *Journal of SAT Agricultural Research*, 4(1).

Allison, E.H., Adger, W.N., Badjeck, M.-C., Brown, K., Conway, D., Dulvy, N.K., Halls, A.,Perry.A. & Reynolds, J.D. 2005. *Effects of climate change on the sustainability of capture and enhancement fisheries important to the poor:*

analysis of the vulnerability and adaptability of fisherfolk living in poverty. Final technical report. Fisheries Management Science Programme MRAG/DFID, Project No. R4778J. London.

Allison, E.H., Perry, A.L., Badjeck, M-C., Adger, W.N., Brown, K., Conway, D., Halls, A.S., Pilling, G.M., Reynolds, J.D., Andrew, N.L. & Dulvy, N.K. 2009. Vulnerability of national economies to the impacts of climate change on fisheries. *Fish and Fisheries,* 10(2): 173-196.

Altieri, M.A. 1995. *Agroecology: the science of sustainable agriculture.* Boulder, USA, Westview Press. 433 p.

Angelsen, A. & Wunder, S. 2003. *Exploring the forest poverty link: key concepts, issues and research implications.* CIFOR Occasional Paper No. 40. Bogor, Indonesia, Center for International Forestry Research.

Antle, J.M. & Crissman, C.C. 1990. Risk, efficiency, and the adoption of modern crop varieties: evidence from the Philippines. *Economic Development and Cultural Change,* 38(3): 517-537.

Argumedo, A. 2008. *Association ANDES: conserving indigenous biocultural heritage in Peru.* IIED Gatekeeper Series/International Institute for Environment and Development, Sustainable Agriculture Programme No. 137a. London, IIED, Natural Resources Group and Sustainable Agriculture and Rural Livelihoods Programme.

Arslan, A., McCarthy, N., Lipper, L., Asfaw, S. & Cattaneo, A. 2014. Adoption and intensity of adoption of conservation farming practices in Zambia, *Agriculture, Ecosystems & Environment,* 187: 72-86.

Arslan, A., Belloti, F., Asfaw, S. & Lipper, L. 2015a. Welfare Impact of Climate Shock in Tanzania. *Journal of Environment and Development.* Under review.

Asfaw, S. & Lipper, L. 2011. *Economics of PGRFA management for adaptation to climate change: a review of selected literature.* Commission on Genetic Resources for Food and Agriculture. Background Study Paper No. 60. Rome, fao (available at http://www.fao.org/docrep/meeting/023/ mb695e.pdf).

Arslan, A., Belotti, F. & Lipper, L. 2015. *Smallholder productivity under climatic variability: Adoption and impact of widely promoted agricultural practices in Tanzania.* To be revised and resubmitted in *Food Policy.*

Arslan, A., McCarthy, N., Lipper, L., Asfaw, S., Cattaneo, A. & Kokwe, M.

2015b. Climate smart agriculture? Assessing the adaptation implications in Zambia. *Journal of Agricultural Economics*, 66(3): 753-780.

Asfaw, S., Coromaldi, M. & Lipper, L. 2015a. Welfare cost of weather fluctuations and climate shocks in Ethiopia. *Journal of Climate Change Economics*, Under review.

Asfaw, S., Coromaldi, M. & Lipper, L. 2015b. *Adaptation to climate change and food security in Ethiopia*. FAO-ESA Working Paper. Rome, FAO.

Asfaw, S., DiBattista, F. & Lipper, L. 2014. *Food security impact of agricultural technology adoption under climate change: micro-evidence from Niger*. FAO-ESA Working Paper 14-12. Rome.

Asfaw, S., DiBattista, F. & Lipper, L. 2015. Effects of weather fluctuations and climate shocks on household welfare: evidence from Niger. *Empirical Economics*. Under review.

Asfaw, S., Maggio, G. & Lipper, L. 2015. *Gender differentiated impact of climate shock in Malawi*. ESA Working Paper.

Asfaw, S., Davis, B., Dewbre, J., Handa, S. & Winters, P. 2014a. Cash transfer programme, productive activities and labour supply: evidence from randomized experiment in Kenya. *Journal of Development Studies*, 50(8): 1172-1196.

Asfaw, S., Pickmans, R., Alfani, F. & Davis, B. 2015a. *Productive impact of Ethiopia,s Social Cash Transfer Pilot Programme*. P to P project report, FAO, Rome.

Asfaw, S., Carraro, A., Pickmans, R., Daidone. S. & Davis, B. 2015b. *Productive impacts of the Malawi Social Cash Transfer Programme*. P to P project report. Rome, FAO.

Asfaw, S., McCarthy, N., Cavatassi, Cavatassi, R., Paolantonio, A. Amare, A. & Lipper, L. 2015c. *Diversification, climate risk and vulnerability to poverty: evidence from rural Malawi*. Forthcoming FAO-ESA Working Paper (Also contributed Paper Submitted for Oral Presentation at the IAAE Conference, Milan).

Ashley, C. & Carney, D. 1999. *Sustainable livelihoods: lessons from early experience*. London, Department for International Development.

Audho, J.O., Ojango, N.E., Oyieng, E., Okeyo, A.M. & Ojango, J.M.K. 2015. Milk from indigenous sheep breeds: an adaptation approach to climate change by women in Isinya, Kajiado County in Kenya. *In* J.M. Ojango, B. Malmfors &

A.M. Okeyo, eds. *Animal genetics training resource*. Kenya, Nairobi, International Livestock Research Institute and Uppsala, Sweden, Swedish University of Agricultural Sciences.

Baker, M.B. Venugopal, P.D. & Lamp, W.O. 2015. Climate change and phenology: *Empoasca fabae* (Hemiptera: Cicadellidae) migration and severity of impact. *PLOS ONE*. doi: 10.1371/journal. pone.0124915.

Barange, M. & Perry, R.I. 2009. Physical and ecological impacts of climate change relevant to marine and inland capture fisheries and aquaculture. *In* K. Cochrane, C. De Young, D. Soto & T. Bahri. *Climate change implications for fisheries and aquaculture: overview of current scientific knowledge*. FAO Fisheries and Aquaculture Technical Paper No. 530. Rome, FAO.212 p. (available at ftp://ftp. fao.org/docrep/fao/012/i0994e/i0994e.pdf).

Bárcena, A., Prado, A., Samaniego, J.& Pérez, R. 2014. *The economics of climate change in Latin America and the Caribbean: paradoxes and challenges*. United Nations, Economic Commission for Latin America and the Caribbean (available at http://repositorio.cepal.org/bitstream/handle/11362/37056/ S1420806_ en.pdf?sequence=4).

Barton, A., Waldbusser, G.G., Feely, R.A., Weisberg, S.B., Newton, J.A., Hales, B., Cudd, S., Eudeline, B., Langdon, C.J., Jefferds, I., King, T., Suhrbier, A. & McLaughlin, K. 2015. Impacts of coastal acidification on the Pacific Northwest shellfish industry and adaptation strategies implemented in response. *Oceanography*, 28(2): 146-159.

Barucha, Z. & Pretty, J. 2010. The roles and values of wild foods in agricultural systems. *Philosophical Transactions of the Royal Society B-Biological Sciences*, 365: 2913-2926.

Bauer, P., Thorpe, A. & Brunet, A. 2015. The quiet revolution of numerical weather prediction, *Nature*, 525: 47-55.

Beed, F., Benedetti, A., Cardinali, G., Chakraborty, S., Dubois, T., Garrett, K., & Halewood, M. 2011. *Climate change and micro-organism genetic resources for food and agriculture: state of knowledge, risks and opportunities*. Commission on Genetic Resources for Food and Agriculture. Background Study Paper No. 57. Rome, FAO (available at http://www.fao.org/docrep/meeting/022/ mb392e.pdf).

Bell, J.D., Johnson, J.E. & Hobday, A.J. 2011. *Vulnerability of tropical*

Pacific fisheries and aquaculture to climate change. Secretariat of the Pacific Community, Noumea, New Caledonia.

Blackburn, H. & Gollin, D. 2008 Animal genetic resource trade flows: the utilization of newly imported breeds and the gene flow of imported animals in the United States of America. *Livestock Science*, 120 (3): 240-247.

Bobojonov, I. & Aw-Hassan, A. 2014. Impacts of climate change on farm income security in Central Asia: an integrated modeling approach. *Agriculture, Ecosystems & Environment*, 188: 245-255.

Bohmanova, J., Misztal, I. & Cole, J.B. 2007. Temperature-humidity indices as indicators of milk production losses due to heat stress. *Journal of Dairy Science*, 90: 1947-1956.

Braatz, S. 2012. Building resilience for adaptation to climate change through sustainable forest management. *In* A. Meybeck, J. Lankoski, S. Redfern, N. Azzu & V. Gitz. *Building resilience for adaptation to climate change in the agriculture sector*. Proceedings of a joint FAO/OECD Workshop. Rome, FAO.

Brander, K.M. 2007. Global fish production and climate change. *PNAS*, 104(50): 19709-19714. doi: 10.1073/pnas.0702059104.

Brugère, C., & De Young, C. 2015. *Assessing climate change vulnerability in fisheries and aquaculture: available methodologies and their relevance for the sector*. FAO Fisheries and Aquaculture Technical Paper No. 597. Rome, FAO.

Caldzilla, A., Zhu, T., Rehdanz, K., Tol, R.S.J. & Ringler, C. 2013. Economywide impacts of climate change on agriculture in sub-Saharan Africa. *Ecological Economics*, 93: 150-165.

CARE. 2000. *Operationalizing household livelihood security: a holistic approach for addressing poverty and vulnerability*. T.R.Frankenberger, M. Drinkwater & D. Maxwell. USA.

Carpenter, S.R., Walker, B.H., Anderies, J.M. & Abel, N. 2001. From metaphor to measurement: resilience of what to what? *Ecosystems*, 4: 765-781.

Carter, M.R. & Lybbert, T.J. 2012. Consumption versus asset smoothing: testing the implications of poverty trap theory in Burkina Faso. *Journal of Development Economics*, 99: 255-264.

Chakraborty, S. & Newton, A.C. 2011. Climate change, plant diseases and food security: an overview.*Plant Pathology*, 60: 2-14.

Chan, W.H., Mak, Y.L., Wu, J.J., Jin, L., Sit, W.H., Lam, J.C.W., Sadovy

de Mitcheson, Y., Chan, L.L., Lam, P.K.S. & Murphy, M.B. 2011. Spatial distribution of ciguateric fish in the Republic of Kiribati. *Chemosphere*, 84(1): 117-123.

Cheung, W.W.L., Lam, V.W.Y., Sarmiento, J.L., Kearney, K., Watson, R., Zeller, D. & Pauly, D. 2010. Large-scale redistribution of maximum fisheries catch potential in the global ocean under climate change. *Global Change Biology*, 16: 24-35.

Christensen, J.H., Krishna Kumar, K., Aldrian, E., An, S.-I., Cavalcanti, I.F.A., de Castro, M., Dong, W., Goswami, P., Hall, A., Kanyanga, J.K., Kitoh, A., Kossin, J., Lau, N.-C., Renwick, J., Stephenson, D.B., Xie, S.-P. & Zhou, T. 2013. Climate phenomena and their relevance for future regional climate change. *In* T.F. Stocker, D. Qin, G.-K. Plattner, M. Tignor, S.K. Allen, J. Boschung, A. Nauels, Y. Xia, V. Bex & P.M. Midgley, eds. *Climate change 2013: the physical science basis*. Contribution of Working Group I to the Fifth Assessment Report of the Intergovernmental Panel on Climate Change, Cambridge, UK, and New York, USA, Cambridge University Press.

Chomo, V. & De Young. C. 2015. Towards sustainable fish food and trade in the face of climate change. *BIORES*, 9(2) (available at http://www.ictsd.org/bridges-news/biores/news/towards-sustainable-fish-food-and-trade-in-the-face-of-climate-change).

Church, J.A., Clark, P.U., Cazenave, A., Gregory, J.M., Jevrejeva, S., Levermann, A., Merrifield, M.A., Milne, G.A., Nerem, R.S., Nunn, R.D., Payne, A.J., Pfeffer, W.T., Stammer, D. & Unnikrishnan, A.S. 2013. Sea level change. *In* T.F. Stocker, D. Qin, G.-K. Plattner, M. Tignor, S.K. Allen, J. Boschung, A. Nauels, Y. Xia, V. Bex & P.M. Midgley, eds. *Climate change 2013: the physical science basis*. Contribution of Working Group I to the Fifth Assessment Report of the Intergovernmental Panel on Climate Change, Cambridge, UK, and New York, USA, Cambridge University Press.

Ciais, P., Schelhaas, M.J., Zaehle, S., Piao, L., Cescatti, A., Liski, J., Luyssaert, S., Le-Maire, G., Schulze, E.D., Bouriaud, O., Freibauer, A., Valentini, R. & Nabuurs, G.J. 2008. Carbon accumulation in European forests. *Nature Geoscience*, 1(7): 425-429.

Cinner, J., McClanahan, T., Wamukota, A., Darling, E., Humphries, A., Hicks, C., Huchery, C., Marshall, N., Hempson, T., Graham, N., Bodin, Ö.,

Daw, T. & Allison, E. 2013. *Social ecological vulnerability of coral reef fisheries to climatic shocks*. FAO Fisheries and Aquaculture Circular No. 1082. Rome, FAO (available at www.fao.org/docrep/018/ap972e/ap972e00.htm).

Cline, W.R. 2007. *Global warming and agriculture: impact estimates by country*. Washington, DC, Center for Global Development and Peterson Institute for International Economics.

Cock, M.J.W., Biesmeijer, J.C., Cannon, R.J.C., Gerard, P.J., Gillespie, D., Jiménez, J.J., Lavelle, P.M. & Raina, S.K. 2011. *Climate change and invertebrate genetic resources for food and agriculture: state of knowledge, risks and opportunities*. Commission on Genetic Resources for Food and Agriculture. Background Study Paper No. 54. Rome, FAO (available at http://www.fao.org/docrep/meeting/022/ mb390e.pdf).

Crescio, M.I., Forastiere, F., Maurella, C., Ingravalle, F. & Ru, G. 2010. Heat-related mortality in dairy cattle: a case crossover study. *Preventive Veterinary Medicine*, 97(3): 191-197.

Cressman, K. 2013. Climate change and locusts in the WANA Region. *In* M.V.K Sivakumar, R. Lal, R. Selvaraju & I. Hamdan, eds. *Climate change and food security in West Asia and North Africa*, pp. 131-143. Springer. doi: 10.1007/978-94-007-6751-5_7.

Daidone, S., Davis, B., Dewbre, J. & Covarrubias, K. 2014a. *Lesotho Child Grants Programme: 24-month impact report on productive activities and labour allocation*. P to P Project Report. Rome, FAO.

Daidone, S., Davis, B., Dewbre, J., Gonzalez-Flores, M., Handa, S., Seidenfeld, D. & Tembo, G. 2014b. *Zambia' s Child Grant Programme: 24-month impact report on productive activities and labour allocation*. P to P Project Report Rome, FAO.

Daw, T., Adger, W.N., Brown, K. & Badjeck, M.-C. 2009. Climate change and capture fisheries: potential impacts, adaptation and mitigation. *In* K. Cochrane, C. De Young, D. Soto & T. Bahri, eds. *Climate change implications for fisheries and aquaculture: overview of current scientific knowledge,* 107-150. FAO Fisheries and Aquaculture Technical Paper No. 530. Rome, FAO. 212 (available at www.fao.org/docrep/012/i0994e/i0994e00.htm).

De Nicola, F. 2013. Weather insurance as a means of supporting vulnerable agriculture, and impacts of climate change. *CAB Reviews*, 8(27).

De Silva, S.S. & Soto, D. 2009. Climate change and aquaculture: potential impacts, adaptation and mitigation. *In* K. Cochrane, C. De Young, D. Soto & T. Bahri, eds. *Climate change implications for fisheries and aquaculture: overview of current scientific knowledge,* pp. 151-212. FAO Fisheries and Aquaculture Technical Paper No. 530. Rome, FAO.

Dercon, S. 2004. Growth and shocks: evidence from rural Ethiopia. *Journal of Development Economics*, 74: 309-329.

Dercon, S. 2006. Economic reform, growth and the poor. Evidence from rural Ethiopia. *Journal of Development Economics*, 81(1): 1-24.

Dercon, S. & Christiaensen, L. 2011. Consumption risk, technology adoption and poverty traps: evidence from Ethiopia. *Journal of Development Economics*, 96: 159-173.

Dessai, S. & Hulme, M. 2004. Does climate adaptation policy need probabilities? *Climate Policy*, 4(2): 107-128.

Dewees, P., Campbell, B., Katerere, Y., Sitoe, A., Cunningham, A., Angelsen, A. & Wunder, S. 2011. *Managing the miombo woodlands of Southern Africa: policies, incentives, and options for the rural poor.* Washington, DC, Program on Forests (PROFOR).

Dikmen, S. & Hansen, P. J. 2009. Is the temperature-humidity index the best indicator of heat stress in lactating dairy cows in a subtropical environment? *Journal of Dairy Science*, 92: 109-116.

Dikmen, S., Alava, E., Pontes, E., Fear, J.M., Dikmen, B.Y., Olson, T.A. & Hansen, P. J. 2008. Differences in thermoregulatory ability between slick-haired and wild-type lactating Holstein cows in response to acute heat stress. *Journal of Dairy Science*, 91(9): 3395-3402.

Eggert, H., Greaker, M. & Kidane, A. 2015. Trade and resources: Welfare effects of the Lake Victoria fisheries boom. *Fisheries Research*, 167: 156-163.

Elbehri, A. & Burfisher, M. 2015. Economic modelling of climate impacts and adaptation in agriculture: a survey of methods, results and gaps. *In* A. Elbehri, ed. *Climate change and food systems: global assessments and implications for food security and trade.* Rome, FAO.

Elbehri, A., Elliott, J. & Wheeler, T. 2015. Climate change, food security and trade: an overview of global assessments and policy insights. *In* A. Elbehri, ed. *Climate change and food systems: global assessments and implications for food* *security and trade*. Rome, FAO.

Ericksen, P., Thornton, P., Notenbaert, A., Cramer, L., Jones, P. & Herrero, M. 2011. *Mapping hotspots of climate change and food insecurity in the global tropics*. CCAFS Report 5. Copenhagen, CGIAR Research Program on Climate Change, Agriculture and Food Security (CCAFS) (available at www.ccafs.cgiar.org).

Fafchamps, M. 1992. Solidarity networks in pre-industrial societies: rational peasants with a moral economy. *Economic Development and Cultural Change*, 41: 147-174.

Fafchamps, M. 1999. *Rural poverty, risk and development*. Economic and Social Development Paper No. 144. Rome, FAO. 131 p.

Fafchamps, M. 2009. Vulnerability, risk management, and agricultural development. *In* Working Paper Series No. AfD-0904, 1-29. Berkeley, USA, Agriculture for Development, Center for Effective Global Action, University of California (available at http://ageconsearch.umn.edu/ bitstream/156662/2/4%20%20 Fafchamps%20-%20FINAL.pdf).

FAO. 1995. *Code of Conduct for Responsible Fisheries*. Rome (available at ftp://ftp.fao.org/docrep/fao/005/v9878e/v9878e00.pdf).

FAO. 2003. *Fisheries management 2. The ecosystem approach to fisheries*. Rome (available at http:// www.fao.org/docrep/005/y4470e/y4470e00.htm).

FAO. 2006. *Breed diversity in dryland ecosystems*. Information Document 9, Fourth Session of the Intergovernmental Technical Working Group on Animal Genetic Resources for Food and Agriculture. Rome. 13 p.

FAO. 2007. *The State of Food and Agriculture 2007. Paying farmers for environmental services*. Rome.

FAO. 2009a. *International Treaty on Plant Genetic Resources for Food and Agriculture* (available at ftp://ftp.fao.org/docrep/fao/011/i0510e/i0510e.pdf).

FAO. 2009b. *Climate change implications for fisheries and aquaculture*. FAO Fisheries and Aquaculture Technical Paper. No. 530, Rome (available at http:// www.fao.org/docrep/012/i0994e/i0994e00.htm).

FAO. 2010. *Report of the FAO workshop on climate change and fisheries in the African Great Lakes*. Bujumbura, 20-21 April 2010 (available at http://www. academia.edu/12458723/Report_of_the_fao_workshop_on_climate_change_and_ fisheries_in_the_African_Great_Lakes).

FAO. 2011a. *Adapting to climate change: the ecosystem approach to* *fisheries and aquaculture in the Near East and North Africa Region*. FAO Fisheries and Aquaculture Circular No. 1066, Rome (available at: http://www.fao. org/docrep/014/i2146e/i2146e00.htm).

FAO. 2011b. *Potential effects of climate change on crop pollination*, by M. Kjøhl, A. Nielsen & N.C. Stenseth. Rome.

FAO. 2011c. *The State of Food and Agriculture 2010-2011. Women in agriculture: closing the gender gap for development.* Rome.

FAO. 2011d. *The State of Food Insecurity in the World. How does international price volatility affect domestic economies and food security.* Rome.

FAO. 2011e. *Save and grow: a policymaker s guide to the sustainable intensification of smallholder crop production.* Rome.

FAO. 2012a. *Greening the economy with agriculture*. Rome (available at http://www.fao.org/ docrep/015/i2745e/i2745e00.pdf).

FAO. 2012b. *Forests, trees and people together in a living landscape: a key to rural development.* Committee on Forestry Paper COFO/2012/6.2 (available at http://www.fao.org/docrep/ meeting/026/ me435e.pdf).

FAO. 2012c. *Conservation and sustainable use under the International Treaty* (available at http://www. planttreaty.org/sites/default/files/edm2_full_en.pdf).

FAO. 2013a *Report of the First Meeting of the Plenary Assembly of the Global Soil Partnership* (Rome, 11-12 June 2013). Hundred and Forty-eighth session, Rome, 2-6 December 2013, CL 148/13, Rome.

FAO. 2013b. *Climate-smart agriculture sourcebook* (available at http://www. fao.org/3/i3325e.pdf).

FAO. 2013c. *FAO Statistical Yearbook 2013*. World food and agriculture. Rome.

FAO. 2013d. *Climate change guidelines for forest managers.* Rome.

FAO. 2013e. *Report on the execution of the first round of the project cycle of the Benefit-sharing Fund.* Secretariat of the International Treaty on Plant Genetic Resources for Food and Agriculture (available at http://www.planttreaty. org/sites/default/files/Report_BSF.pdf).

FAO. 2014a. *The State of World Fisheries and Agriculture: opportunities and challenges.* Rome (available at http://www.fao.org/3/d1eaa9a1-5a71-4e42-86c0-f2111f07de16/i3720e.pdf).

FAO. 2014b. *Conduire des Champs Ecoles des Producteurs : Guide du*

Facilitateur. Rome, FAO (avaliable at: http://www.fao.org/3/a-i3948f.pdf).

FAO. 2014c. *The State of Food and Agriculture. Innovation in family farming*. Rome (available at http://www.fao.org/publications/sofa/2014/en/).

FAO. 2014d. *Enabling farmers to face climate change. Second cycle of the benefit sharing fund projects*. Secretariat of the International Treaty on Plant Genetic Resources for Food and Agriculture (available at http://www.planttreaty.org/sites/default/files/BSF_2nd_cycle-booklet.pdf).

FAO. 2015a. *Coping with climate change the roles of genetic resources for food and agriculture*. Rome (available at http://www.fao.org/3/a-i3866e.pdf).

FAO. 2015b. *International Standards for Phytosanitary Measures, ISPM 5, Glossary of Phytosanitary Terms*. International Plant Protection Convention (available at https://www.ippc.int/static/media/ files/publication/en/2015/05/ISPM_05_En_2015-05-29_CPM-10.pdf).

FAO. 2015c. *The Second Report on the State of the World s Animal Genetic Resources for Food and Agriculture*. B.D. Scherf & D. Pilling, eds. FAO Commission on Genetic Resources for Food and Agriculture Assessments. Rome (available at http://www.fao.org/3/a-i4787e/index.html).

FAO. 2015d. *Voluntary guidelines to support the integration of genetic diversity into national climate change adaptation planning*. In press. Rome.

FAO. 2015e.*The impact of natural hazards and disasters on agriculture and food security and nutrition.Rome* (available at http://www.fao.org/3/a-i4434e.pdf).

FAO. 2015f. *The State of Food and Agriculture*. Rome.

FAO. 2015g. *The State of Food Insecurity in the World. Meeting the 2015 international hunger targets: taking stock of uneven progress* (available at http://www.fao.org/3/a-i4646e.pdf).

FAO. 2015h. *Voluntary Guidelines for Securing Sustainable Small-Scale Fisheries in the Context of Food Security and Poverty Eradication* (available at http://www.fao.org/3/a-i4356e.pdf).

FAO/AgriCord. 2012. *Strength in numbers-effective forest producer organizations*. Rome (available at http://www.fao.org/docrep/016/ap452e/ap452e00.pdf).

FAO/IFAD/WFP. 2015. *Achieving zero hunger: the critical role of investments in social protection and agriculture*, Rome (available at http://www.fao.org/3/a-i4777e.pdf).

FAO/IFAD/IMF/OECD/UNCTAD/WFP/World Bank/ WTO/IFPRI/UN HLTF. 2011. *Interagency Report to the G20 on food price volatility.*

FAO/OECD. 2012. *Building resilience for adaptation to climate change in the agriculture sector.* Proceedings of a joint FAO/OECD Workshop. A. Meybeck, J., Lankoski, S., Redfern, N., Azzu & V., Gitz. Rome, FAO.

Faurès, J.M., Bernardi, M. & Gommes, R. 2010. There is no such thing as an average: how farmers manage uncertainty related to climate and other factors. *International Journal of Water Resources Development*, 26(4): 523-542.

Feder, G., Just, R. & Zilberman, D. 1985. Adoption of agricultural innovations in developing countries: a survey. *Economic Development and Cultural Change*, 33: 255-298.

FeedInfo. 2015. *Lallemand animal nutrition warns of heat stress in cows all over Europe* (available at http://www.feedinfo.com/console/PageViewer.aspx?page= 5050311&str=lallemand).

Frankham, R. 2009. Genetic architecture of reproductive fitness and its consequences. *In* J. Van der Werf, H.U. Graser & R. Frankham, eds. *Adaptation and fitness in animal populations: Evolutionary and breeding perspectives on genetic resource management*, 15-40. Springer.

Freibauer, A., Mathijs, E., Brunori, G., Damianova, Z., Faroult, E., Girona i Gomis, J., O Brien, L. & Treyer, S. 2011. *Sustainable food consumption and production in a resource-constrained world.* European Commission Standing Committee on Agricultural Research (SCAR). 149 p.

Frieler, K., Levermann, A., Elliott, J., Heinke, J., Arneth, A., Bierkens, M.F.P., Ciais, P., Clark, D.B., Deryng, D., Döll, P., Falloon, P., Fekete, B., Folberth, C., Friend, A.D., Gellhorn, C., Gosling, S.N., Haddeland, I., Khabarov, N., Lomas, M., Masaki, Y., Nishina, K., Neumann, K., Oki, T., Pavlick, R., Ruane, A.C., Schmid, E., Schmitz, C., Stacke, T., Stehfest, E., Tang, Q., Wisser, D., Huber, V., Piontek, F., Warszawski, L., Schewe, J., Lotze-Campen, H. & Schellnhuber, H.J. 2015. A framework for the cross-sectoral integration of multi-model impact projections: Land use decisions under climate impacts uncertainties. *Earth Syst. Dyn.*, 6: 447-460. doi:10.5194/esd-6-447-2015.

Gallai, N., Salles, J.-M., Settele, J. & Vaissière, B.E. 2009. Economic valuation of the vulnerability of world agriculture confronted with pollinator decline. *Ecol. Econ.*, 68: 810-821.

Galluzzi, G., Duijvendijk, C. van., Collette, L., Azzu, N. & Hodgkin, T., eds. 2011. *Biodiversity for food and agriculture: contributing to food security and sustainability in a changing world. Outcomes of an Expert Workshop held by FAO and the Platform on Agrobiodiversity Research from 14-16 April 2010, Rome, Italy.* Rome, FAO/PAR (available at http://www.fao.org/3/a-i1980e.pdf).

Gbobaniyi, E., Sarr, A., Sylla, M.B., Diallo, I., Lennard, C., Dosio, A., Dhiédiou, A., Kamga, A., Klutse, N.A.B., Hewitson, B., Nikulin, G., Lamptey, B. 2014 Climatology, annual cycle and interannual variability of precipitation and temperature in CORDEX simulations over West Africa. *Int. J. Climatol.*, 34(7): 2241-2257. doi:10.1002/joc.3834.

Ghini, R., Hamada, E., Pedro, M.L., Marengo, J.A. & Gonçalves, R.R.V. 2008. Risk analysis of climate change on coffee nematodes and leaf miner in Brazil. *Pesquisa Agropecuária Brasileira*, 43: 187-195.

Gilbert, C.L. & Tabova, A. 2011. Coping with food price surges, *In* A. Prakash, ed. *Extreme volatility in agricultural markets: causes, consequences and policy options.* Rome, FAO.

Gitz, V. & Meybeck, A. 2012. Risks, vulnerabilities and resilience in a context of climate change. *In* A. Meybeck, J., Lankoski, S., Redfern, N., Azzu & V., Gitz. *Building resilience for adaptation to climate change in the agriculture sector.* Proceedings of a joint FAO/OECD Workshop. Rome, FAO.

Global Food Security Programme. 2015. *Extreme weather and resilience of the global food system.* 2015. Final Project Report from the UK-US Taskforce on Extreme Weather and Global Food System Resilience. UK (available at http://www.foodsecurity.ac.uk/assets/pdfs/extreme-weather-resilience- of-global-food-system.pdf).

Gollin, D., Van Dusen, E. & Blackburn, H. 2008. Animal genetic resource trade flows: economic assessment. *Livestock Science*, 120 (3): 248-255.

Guilyardi, E., Wittenberg, A., Fedorov, A., Collins, M., Wang, C., Capotondi, A., van Oldenborgh, G.J. & Stockdale, T. 2009. Understanding El Niño in ocean-atmosphere general circulation models: progress and challenges. *Bull. Amer. Met. Soc.*, 90: 325-340.

Hanlon, J., Barrientos, A. & Hulme, D. 2010. *Just give money to the poor.* Chapter 4, 53-54. Chronic Poverty Research Centre.

Hannukkala, A.O., Kaukoranta, T., Lehtinen, A. & Rahkonen, A. 2007.

Late-blight epidemics on potato in Finland, 1933-2002; increased and earlier occurrence of epidemics associated with climate change and lack of rotation. *Plant Pathology*, 56: 167-176.

Hare, J.A., Morrison, W.E., Nelson, M.W., Stachura, M.M., Teeters, E.J., Griffis, R.B., Alexander, M.A., Scott, J.D., Alade, L., Bell, R.J., Chute, A.S., Curti, K.L., Curtis, T.H., Kircheis, D., Kocik, J.F., Lucey, S.M., McCandless, C,.T., Milke, L.M., Richardson, DE., Robillard, E., Walsh, H.J., McManus, M.C. & Marancik, K.E. Forthcoming. *Northeast Fisheries Climate Vulnerability Assessment (NEVA): an application of the NMFS fisheries climate vulnerability assessment methodology*. NMFS Draft document.

Havlík, P., D. Leclère, H. Valin, M. Herrero, E. Schmid, J-F. Soussana, C. Müller and M. Obersteiner. 2015. Global climate change, food supply and livestock production systems: A bioeconomic analysis. *In* A. Elbehri, ed., *Climate change and food systems: global assessments and implications for food security and trade)*, Rome, FAO.

Hayes, B.J., Bowman, P.J., Chamberlain, A.J., Savin, K., van Tassell, C.P., Sonstegard, T.S. & Goddard, M.E. 2009. A validated genome wide association study to breed cattle adapted to an environment altered by climate change. *PLoS ONE 4*, e6676. doi:10.1371/journal.pone.0006676.

Heltberg, R. & Tarp, F. 2002. Agricultural supply response and poverty in Mozambique. *Food Policy*, 27(2): 103-124.

Hertel, T.W., Burke, M.B. & Lobell, D.B. 2010. *The poverty implications of climate-induced crop yield changes by 2030*. GTAP Working Paper No. 59 (available at http://iis-db.stanford.edu/pubs/22837/ GTAP_2_2010.pdf).

Hidrobo, M., Hoddinott, J., Kumar, N. & Olivier, M. 2014. *Social protection and food security*. Paper prepared by the International Food Policy Research Institute as background to the 2015 edition of FAO' s The State of Food and Agriculture report. Washington, DC, IFPRI.

HLPE. 2011. *Price volatility and food security*. A report by the High Level Panel of Experts on Food Security and Nutrition of the Committee on World Food Security. Rome.

HLPE. 2012a. *Food security and climate change*. A report by the High Level Panel of Experts on Food Security and Nutrition of the Committee on World Food Security, Rome.

HLPE. 2012b. *Social protection for food security.* A report by the High Level Panel of Experts on Food Security and Nutrition of the Committee on World Food Security, Rome.

HLPE. 2013. *Investing in smallholder agriculture for food security.* A report by the High Level Panel of Experts on Food Security and Nutrition of the Committee on World Food Security, Rome.

HLPE. 2014. *Sustainable fisheries and aquaculture for food security and nutrition.* A report by the High Level Panel of Experts on Food Security and Nutrition of the Committee on World Food Security, Rome.

HLPE. 2015. *Water for food security and nutrition.* A report by the High Level Panel of Experts on Food Security and Nutrition of the Committee on World Food Security, Rome.

Hoddinot, J. 2006. Shocks and their Consequences Across and Within Households in Rural Zambia. *Journal of Development Studies*, 42(2): 301–321.

Hoffmann, I. 2013. Adaptation to climate change – exploring the potential of locally adapted breeds. *Animal*, 7 (Suppl. 2): 346–362.

Horčička, P. 2015. *Presentation Challenges of wheat breeding global innovation* (available at http:// ec.europa.eu/dgs/health_food-safety/information_sources/docs/events/20150714_climate-change_ expo_milan_pres_10.pdf).

Hurley, T. 2010. *Review of agricultural production risk in the developing world.* HarvestChoice Working Paper 11. Washington, DC, International Food Policy Research Institute (IFPRI), 56 p.

IBRD/WB (International Bank for Reconstruction and Development/ World Bank). 2010. *Development and climate change* (available at: http://siteresources.worldbank.org/INTWDRS/ Resources/477365-1327504426766/8389626-1327510418796/Front-matter.pdf).

ICEM (International Centre for Environmental Management). 2013. *USAID Mekong ARCC climate change impact and adaptation on livestock.* Prepared for the United States Agency for International Development by ICEM.

IFAD. 2011. *Rural poverty report 2011. New realities, new challenges: new opportunities for tomorrow's génération* (available at http://www.ifad.org/rpr2011/report/e/rpr2011.pdf).

IPCC. 2000. *Emissions scenarios.* A Special Report of IPCC Working Group III. N. Nakićenović, J. Alcamo, G. Davis, B. de Vries, J. Fenhann, S. Gaffin, K.

Gregory, A. Griibler, T. Yong Jung, T. Kram, E. Lebre La Rovere, L. Michaelis, S. Mori, T. Morita, W. Pepper, H. Pitcher, L. Price, K. Riahi, A. Roehrl, H.-H. Rogner, A. Sankovski, M. Schlesinger, P. Shukla, S. Smith, R. Swart, S. van Rooijen, N. Victor & Z. Dadi, eds. Cambridge University Press , Cambridge. UK.

IPCC. 2007. *Climate change 2007: synthesis report.* Contribution of Working Groups Ⅰ, Ⅱ and Ⅲ to the Fourth Assessment Report of the Intergovernmental Panel on Climate Change. Core Writing Team, R.K. Pachauri & A. Reisinger, eds. Geneva, Switzerland, IPCC. 104 p.

IPCC. 2012. *Managing the risks of extreme events and disasters to advance climate change adaptation.* C.B. Field, C. Barros, T.F. Stocker, D. Qin, D.J. Dokken, K.L. Ebi, M.D. Mastrandrea, K.J. Mach, G.-K. Plattner, S.K. Allen, M. Tignor & P.M. Midgley, eds. Available from Cambridge University Press, Cambridge, UK, 582 p.

IPCC. 2013. *Climate change 2013: the physical science basis.* Contribution of Working Group I to the Fifth Assessment Report of the Intergovernmental Panel on Climate Change. T.F. Stocker, D. Qin, G.-K. Plattner, M. Tignor, S.K. Allen, J., Boschung, A., Nauels, Y., Xia, V., Bex & P.M., Midgley, eds. Cambridge, UK, and New York, USA, Cambridge University Press. 1535 p.

IPCC. 2014a. *Climate change 2014: synthesis report.* Contribution of Working Groups Ⅰ, Ⅱ and Ⅲ to the Fifth Assessment Report of the Intergovernmental Panel on Climate Change. Core Writing Team, R.K. Pachauri & L.A. Meyer, eds. Geneva, Switzerland, IPCC. 151 p.

IPCC. 2014b. *Climate change 2014: impacts, adaptation, and vulnerability. Part A: Global and sectoral aspects.* Contribution of Working Group II to the Fifth Assessment Report of the Intergovernmental Panel on Climate Change. C.B. Field, V.R. Barros, D.J. Dokken, K.J. Mach, M.D. Mastrandrea, T.E. Bilir, M. Chatterjee, K.L. Ebi, Y.O. Estrada, R.C. Genova, B. Girma, E.S. Kissel, A.N. Levy, S. MacCracken, P.R. Mastrandrea & L.L. White, eds. Cambridge, UK, and New York, USA, Cambridge University Press. 1132 p.

IUCN. 2010. *Building climate change resilience for African livestock in sub-Saharan Africa.* World Initiative for Sustainable Pastoralism (WISP): a program of IUCN Eastern and Southern Africa Regional Office, Nairobi, March 2010, 48 p.

Jarvis, A., Upadhyaya, H., Gowda, C.L.L., Aggarwal, P.K., Fujisaka, S. & Anderson, B. 2010. *Climate change and its effect on conservation and use of* *plant genetic resources for food and agriculture and associated biodiversity for food security*. ICRISAT/FAO. Thematic Background Study for the Second Report on The State of the World, s Plant Genetic Resources for Food and Agriculture. Rome (available at http://www.fao.org/docrep/013/i1500e/i1500e16.pdf).

Jiménez Cisneros, B.E., Oki, T., Arnell, N.W., Benito, G., Cogley, J.G., Döll, P., Jiang, T. & Mwakalila, S.S. 2014. Freshwater resources. In: *Climate Change 2014: Impacts,Adaptation, and Vulnerability. Part A: Global and Sectoral Aspects. Contribution of Working Group II to the Fifth Assessment Report of the Intergovernmental Panel on Climate Change*. C.B.Field, V.R. Barros, D.J. Dokken, K.J. Mach, M.D. Mastrandrea, T.E. Bilir, M. Chatterjee, K.L. Ebi, Y.O. Estrada, R.C. Genova, B. Girma, E.S. Kissel, A.N. Levy, S. MacCracken, P.R. Mastrandrea & L.L.White, eds. Cambridge University Press, Cambridge, United Kingdom and New York, NY, USA, 229-269.

Jones, P.G. & Thornton, P.K. 2009. Croppers to livestock keepers: livelihood transitions to 2050 in Africa due to climate change. *Environmental Science & Policy*, 12(4): 427-437.

Kassie, M., Pender, J., Mahmud, Y., Kohlin, G., Bluffstone, R. & Mulugeta, E. 2008. Estimating returns to soil conservation adoption in the Northern Ethiopian Highlands. *Agricultural Economics*, 38: 213-232.

Kazianga, H. & Udry, C. 2006. Consumption smoothing? Livestock, insurance and drought in rural Burkina Faso. *Journal of Development Economics*. 79: 413-466.

Kirtman, B., Power, S.B., Adedoyin, J.A., Boer, G.J., Bojariu, R., Camilloni, I., Doblas-Reyes, F.J., Fiore, A.M., Kimoto, M., Meehl, G.A., Prather, M., Sarr, A., Schär, C., Sutton, R., van Oldenborgh, G.J., Vecchi, G. & Wang, H.J. 2013. Near-term climate change: projections and predictability. *In* T.F. Stocker, D. Qin, G.-K. Plattner, M. Tignor, S.K. Allen, J.,Boschung, A. Nauels, Y. Xia, V. Bex & P.M. Midgley, eds. *Climate change 2013: the physical science basis*. Contribution of Working Group I to the Fifth Assessment Report of the Intergovernmental Panel on Climate Change, Cambridge, UK, and New York, USA, Cambridge University Press.

Klein, A., Steffan Dewenter, I. & Tscharntke, T. 2003. Fruit set of highland coffee increases with the diversity of pollinating bees. *Proceedings of the Royal Society*, 270: 955-961.

Kurosaki, T. & Fafchamps, M. 2002. Insurance market efficiency and crop choices in Pakistan. *Journal of Development Economics*, 67(2): 419 453.

Kurukulasuriya, P. & Rosenthal, S. 2013. *Climate change and agriculture: a review of impacts and adaptations*. Environment Department Papers No. 91. Climate Change Series. Washington, DC, World Bank (available at http://documents. worldbank.org/curated/en/2013/06/17911216/climate- change-agriculture-review-impacts-adaptations).

VWY Lam, WWL Cheung, W Swartz and UR Sumaila. 2012. Climate change impacts on fisheries in West Africa: implications for economic, food and nutritional security. *African Journal of Marine Science*, 2012, 34(1).

Lambrou, Y. & Nelson, S. 2010. *Farmers in a changing climate — Does gender matter? Food security in Andra Bradesh.* Rome, FAO.

Lancelot, R., de La Rocque, S. & Chevalier, V. 2008. Bluetongue and Rift Valley fever in livestock: a climate change perspective with a special reference to Europe, the Middle East and Africa. *In* P. Rowlinson, M. Steele & A. Nefzaoui, eds. *Livestock and global climate change*, pp. 87-89. Proceedings of the British Society of Animal Science (BSAS) International Conference on Livestock and Global Climate Change, Hammamet, Tunisia, 17-20 May 2008. Cambridge, UK, Cambridge University Press.

Leblois, A. & Quirion, P. 2011. Agricultural insurances based on meteorological indices: realizations, methods and research challenges. *Meteorological Applications*, 20(1): 1-9.

Lioubimtseva, L., Dronin, N. & Kirilenko, A. 2015. Grain production trends in the Russian Federation, Ukraine and Kazakhstan in the context of climate change and international trade. *In* A. Elbehri, ed. *Climate change and food systems: global assessments and implications for food security and trade.* Rome, FAO.

Liu, J., Hertel, T.W., Taheripour, F., Zhu, T. & Ringler, C. 2014. International trade buffers the impact of future irrigation shortfalls, *Global Environmental Change*, 25: 22-31.

Lloyd, S., Kovats, R.S. & Chalabi, Z. 2011. Climate change, crop yields, and malnutrition: development of a model to quantify the impact of climate scenarios on child malnutrition. *Environ. Health Persp.*, 119: 1817-1823.

Lobell, D.B., Schlenker, W. & Costa-Roberts, J. 2011. Climate trends and global crop production since 1980. *Science*, 333(6042): 616-620.

Lobell, D., Baldos U. C. and Hertel, T.W. 2013. Climate adaptation as mitigation: the case of agricultural investments. *Environmental Research Letters*, 8: 1-12.

Loo, J., Fady, B., Dawson, I., Vinceti, B. & Baldinelli, G. 2011. *Climate change and forest genetic resources: state of knowledge, risks and opportunities.* Commission on Genetic Resources for Food and Agriculture. Background Study Paper No. 56. Rome, FAO (available at http://www.fao.org/ docrep/meeting/023/ mb696e.pdf).

Luck, J., Spackman, M., Freeman, A., Tre¸bicki, P., Griffiths, W., Finlay, K. & Chakraborty, S. 2011, Climate change and diseases of food crops. *Plant Pathology*, 60: 113–121. doi: 10.1111/j.1365-3059.2010.02414.x.

Luedeling, E., Steinmann, K.P., Zhang, M., Brown, P.H., Grant, J. & Girvetz, E.H. 2011. Climate change effects on walnut pests in California. *Global Change Biology*, 17: 228-238.

Madalena, F.E. 2008. How sustainable are the breeding programs of the global main stream dairy breeds? —— The Latin-American situation. *Livest. Res. Rural Dev.,* 20: 1-10.

McCarthy, M., Best, M. & Betts, R.2010. Climate change in cities due to global warming and urban effects. *Geophysical Research Letters*, 37(9).

McPeak, J. 2004. *Contrasting income shocks with asset shocks: livestock sales in northern Kenya.* Oxford Economic Papers 56, no. 2: 263-284.

Meehl, G.A., Goddard, L., Boer, G., Burgman, R., Branstator, G., Cassou, C., Corti, S., Danabasoglu, G., Doblas-Reyes, F., Hawkins, E., Karspeck, A., Kimoto, M., Kumar, A., Matei, D., Mignot, J., Msadek, R., Pohlmann, H., Rienecker, M., Rosati, T., Schneider, E., Smith, D., Sutton, R., Teng, H., Van Oldenborgh, G. J., Vecchi, G. & Yeager, S. 2014. Decadal climate prediction: an update from the trenches. *Bulletin of the American Meteorological Society*, 95 (2): 243-267. ISSN 1520-0477. doi: 10.1175/BAMS-D-12-00241.1 (available at http:// centaur.reading.ac.uk/32097/).

Miles, L., Newton, A.C., DeFries, R.S., Ravilious, C., May, I., Blyth, S., Kapos, V. & Gordon, J.E. 2006. A global overview of the conservation status of tropical dry forests. *Journal of Biogeography*, 33(3): 491-505.

Miraglia, M., Marvinb, H.J.P., Kleterb, G.A., Battilanic, P., Breraa, C., Conia, E., Cubaddaa, F., Crocia, L., De Santisa, B., Dekkersd, S., Filippic,

L., Hutjese, R.W.A., Noordamb, M.Y., Pisantef, M., Pivac, G., Prandinic, A., Totia, L., van den Borng, G.J. & Vespermannh, A. 2009. Climate change and food safety: an emerging issue with special focus on Europe. *Food and Chemical Toxicology*, 47(5): 1009-1021.

Morrison, W. Forthcoming. *Methodology for assessing the vulnerability of fish species in a changing climate*. NMFS draft document.

Mottet, A., Msangi, S., Conchedda, G., Ham, F., Lesnoff, M., Fillol, E., Ickovicz , A., Cervigni, R., de Haan, C. & Gerber, P. 2015. Modeling livestock production under climate constraints in the African dry lands to identify interventions for adaptation. *In:* 3rd Global Science Conference on Climate- Smart Agriculture CSA2015 Montpellier-France, March 16-18, 2015.

Müller, C. & Elliott, J. 2015. The Global Gridded Crop Model intercomparison: approaches, insights and caveats for modelling climate change impacts on agriculture at the global scale. *In* A. Elbehri, ed. *Climate change and food systems: global assessments and implications for food security and trade*. Rome, FAO.

Myers, S.S., Zanobetti, A., Kloog, I., Huybers, P., Leakey, A.D.B., Bloom, A.J., Carlisle, E., Dietterich, L.H., Fitzgerald, G., Hasegawa, T., Holbrook, N.M., Nelson, R.L., Ottman, M.J., Raboy, V., Sakai, H., Sartor, K.A., Schwartz, J., Seneweera, S., Tausz, M. & Usui, Y. 2014. Increasing CO_2 threatens human nutrition. *Nature*, 510(7503): 139-142.

Nelson, G.C., Rosegrant, M.W., Koo, J., Robertson, R., Sulser, T., Zhu, T., Ringler, C., Msangi, S., Palazzo, A., Batka, M., Magalhaes, M., Valmonte-Santos, R., Ewing, M. & Lee, D. 2009. *Climate change —— impact on agriculture and cost of adaptation*. IFPRI (available at http://cdm15738. contentdm.oclc.org/utils/getfile/collection/p15738coll2/id/16557/filename/16558.pdf).

Nelson, G.C., Rosegrant, M.W., Palazzo, A., Gray, I., Ingersoll, C., Robertson, R., Tokgoz, S., Zhu, T., Sulser, T.B., Ringler, C. & Msangi, S. 2010. *Food security, farming, and climate change to 2050: scenarios, results, policy options*. Washington, DC, International Food Policy Research Institute (IFPRI).

**Nelson, G.C., Valin, H., Sands, R.D., Havlik, P., Ahammad, H., Deryng. D., Elliott, J., Fujimori, S., Hasegawa, T., Heyhoe, E., Kyle, P., Von Lampe, M., Lotze-Campen, H., d'Croz, D.M., van Meijl., H., van der Mensbrugghe, D., Müller, C., Popp, A., Robertson, R., Robinson, S., Schmid, E., Schmitz, C.,

Tabeau, A. & Willenbockel, D. 2014a. Climate change effects on agriculture: economic responses to biophysical shocks. *PNAS*, 111(9): 3274-3279.

Nelson, G., van der Mensbrugghe, D., Ahammad, H., Blanc, E., Calvin, K., Hasegawa, T., Havlík, P., Heyhoe, E., Kyle, P., Lotze-Campen, H., von Lampe, M., Mason d'Croz, D., van Meijl, H., Müller, C., Reilly, J., Robertson, R., Sands, R., Schmitz, C., Tabeau, A., Takahashi, K., Valin, H. & Willenbockel, D. 2014b. Agriculture and climate change in global scenarios: why don t the models agree? *Agricultural Economics.* 45(1): 85-101.

Niang, I., Ruppel, O.C., Abdrabo, M.A., Essel, A., Lennard, C., Padgham, J. & Urquhart, P. 2014. Africa. *In* V.R. Barros, C.B. Field, D.J. Dokken, M.D. Mastrandrea, K.J. Mach, T.E. Bilir, M. Chatterjee, K.L. Ebi, Y.O. Estrada, R.C. Genova, B. Girma, E.S. Kissel, A.N. Levy, S. MacCracken, P.R. Mastrandrea & L.L. White, eds. *Climate change 2014: Impacts, adaptation, and vulnerability. Part B: Regional aspects*. 1199-1265. Contribution of Working Group II to the Fifth Assessment Report of the Intergovernmental Panel on Climate Change. Cambridge, United Kingdom and New York, NY, USA. Cambridge University Press.

Nikulin, G., Jones, C., Giorgi, F., Asrar, G., Büchner, M., Cerezo-Mota, R., Bøssing Christensen, O., Déqué, M., Fernandez, J., Hänsler, A., van Meijgaard, E., Samuelsson, P., Bamba Sylla, M. & Sushama, L. 2012. Precipitation climatology in an ensemble of CORDEX-Africa regional climate simulations. *J. Climate*, 25: 6057-6078.

NOAA. 2015. *NOAA declares third ever global bleaching event* (available at http://www.noaanews. noaa.gov/stories2015/100815-noaa-declares-third-ever-global-coral-bleaching-event.html).

Oerke, E.C. 2006. Crop losses to pests. *The Journal of Agricultural Science*, 144: 31-43.

Olson, T. A., Lucena, C.J., Chase, C.C. & Hammond, A.C. 2003. Evidence of a major gene influencing hair length and heat tolerance in *Bos taurus* cattle. *Journal of Animal Science*, 81: 80-90.

Paes-Sousa, R., Santos, L.M.P. & Miazaki, E.S. 2011. Effects of a conditional cash transfer programme on child nutrition in Brazil. *Bulletin of the World Health Organization*, 89: 496-503.

Parry, M., Rosenzweig, C. & Livermore, M. 2005. Climate change, global food supply and risk of hunger. *Phil. Trans. Roy. Soc. B*, 360: 2125-2138.

doi:10.1098/rstb.2005.1751.

Pautasso, M., Döring, T.F., Garbelotto, M., Pellis, L. & Jeger, M.J. 2012. Impacts of climate change on plant diseases — opinions and trends. *Eur. J. Plant Pathol.*, 133(1): 295-313.

Perry, A.L., Low, P.J., Ellis, J.R. & Reynolds, J.D. 2005. Climate change and distribution shifts in marine fishes. *Science*, 308(5730): 1912-1915.

Pilling, D. & Hoffmann, I. 2011. *Climate change and animal genetic resources for food and agriculture: state of knowledge, risks and opportunities.* Commission on Genetic Resources for Food and Agriculture. Background Study Paper No. 53. Rome, FAO (available at http://www.fao.org/docrep/ meeting/022/ mb386e.pdf).

Place, F. & Meybeck, A. 2013. *Food security and sustainable resource use what are the resource challenges to food security?* Background paper for the conference Food Security Futures: Research Priorities for the 21st Century , 11-12 April 2013, Dublin, Ireland (available at http://www.pim. cgiar.org/files/2013/01/Foo dSecurityandSustainableResourceUse2.pdf).

Porter, J.R., Xie, L., Challinor, A.J., Cochrane, K., Howden, S.M., Iqbal, M.M., Lobell, D.B. & Travasso, M.I. 2014. Food security and food production systems. *In* C.B. Field, V.R. Barros, D.J. Dokken, K.J. Mach, M.D. Mastrandrea, T.E. Bilir, M. Chatterjee, K.L. Ebi, Y.O. Estrada, R.C. Genova, B. Girma, E.S. Kissel, A.N. Levy, S. MacCracken, P.R. Mastrandrea & L.L. White, eds. *Climate change 2014: impacts, adaptation, and vulnerability. Part A: global and sectoral aspects*, pp. 485 533. Contribution of Working Group II to the Fifth Assessment Report of the Intergovernmental Panel on Climate Change. Cambridge, UK, and New York, USA, Cambridge University Press.

Pörtner, H.-O. 2008. Ecosystem effects of ocean acidification in times of ocean warming: a physiologist, s view. *Marine Ecology Progress Series*, 373: 203-217.

Pörtner, H.-O., Karl, D.M., Boyd, P.W., Cheung, W.W.L., Lluch-Cota, S.E., Nojiri, Y., Schmidt, D.N. & Zavialov, P.O. 2014: Ocean systems. *In* C.B. Field, V.R. Barros, D.J. Dokken, K.J. Mach, M.D. Mastrandrea, T.E. Bilir, M. Chatterjee, K.L. Ebi, Y.O. Estrada, R.C. Genova, B. Girma, E.S. Kissel, A.N. Levy, S. MacCracken, P.R. Mastrandrea & L.L. White, eds. *Climate change 2014: impacts, adaptation, and vulnerability. Part A: global and sectoral aspects*, 411-484. Contribution of Working Group II to the Fifth Assessment Report of the Intergovernmental Panel on Climate Change. Cambridge, UK, and New York, USA, Cambridge University Press.

Prakash, A. 2011. Why volatility matters. *In* A. Prakash, ed. *Safeguarding food security in volatile global markets*, 3-26. Rome, FAO.

Pullin, R. & White, P. 2011. *Climate change and aquatic genetic resources for food and agriculture: state of knowledge, risks and opportunities.* Commission on Genetic Resources for Food and Agriculture Background Study Paper No. 55. Rome, FAO (available at http://www.fao.org/docrep/meeting/022/mb507e.pdf).

Raemaekers, S. & Sowman, M. Forthcoming. *Community-level socio-ecological vulnerability assessments in the Benguela Current Large Marine Ecosystem.* FAO Fisheries and Aquaculture Circular. Rome, FAO.

Ravagnolo, O. & Misztal, I. 2002. Effect of heat stress on nonreturn rate in Holsteins: fixed-model analyses. *Journal of Dairy Science*, 85: 3101-3106.

Robledo, C. & Forner, C. 2005. *Adaptation of forest ecosystems and the forest sector to climate change.* FAO Forests and Climate Change Working Paper 2. Rome, FAO.

Roe, T. & Graham-Tomasi, T. 1986. Yield risk in a dynamic model of the agricultural household. *In* I. Singh, L. Squire & J. Strauss, eds. *Agricultural household models: extension, applications and policy*, 255-276. A World Bank Research Publication. Baltimore, USA, Johns Hopkins University Press. Rosenthal, J. 2009. Climate change and the geographic distribution of infectious diseases. *Ecohealth*,6: 489-495.

Rosenzweig, M.R. & Binswanger, H.P. 1993. Wealth, weather risk and the composition and profitability of agricultural investments. *Economic Journal*, 103: 56-78.

Rosenzweig, C., & Parry, M.L. 1994. Potential impact of climate change on world food supply.*Nature*, 367: 133-138. doi:10.1038/367133a0.

Rosenzweig, C., Elliott, J., Deryng, D., Ruane, A.C., Müller, C., Arneth, A., Boote, K.J., Folberth, C., Glotter, M., Khabarov, N., Neumann, K., Piontek, F., Pugh, T.A.M., Schmid, E., Stehfest, E., Yang, H. & Jones, J.W. 2014. Assessing agricultural risks of climate change in the 21st century in a global gridded crop model intercomparison. *Proc. Natl. Acad. Sci.*, 111(9): 3268-3273. doi:10.1073/pnas.1222463110.

Sadoulet, E. & de Janvry, A. 1995. Behavior and welfare under risk. In *Quantitative development policy analysis*. Chapter 5. Baltimore, USA, Johns Hopkins University Press.

Salinger, M.J. & Stigter, C.J. & Das, H.P. 2000. Agrometeorological adaptation strategies to increasing climate variability and climate change. *Agricultural and Forest Meteorology*, 103(1-2): 167-184.

Schmidhuber, J. 2007. *Biofuels: an emerging threat to Europe s food security?* Notre Europe (available at http://www.delorsinstitute.eu/011-1317-Biofuels-An-Emerging-Threat-to-Europe-s-Food-Security.html).

Scoones, I. 1996. *Hazards and opportunities: farming livelihoods in dryland Africa. Lessons from Zimbabwe*. London, Zed Books.

Selvaraju, R., Gommes, R. & Bernardi, M. 2011. Climate science in support of sustainable agriculture and food security. *Climate Research*, 47: 95-110.

Seppälä, R, Buck, A. & Katila, P. eds. 2009. *Adaptation of forests and people to climate change. A global assessment report*. IUFRO World Series Volume 22. Helsinki, International Union of Forest Research Organizations.

Settele, J., Scholes, R., Betts, R., Bunn, S., Leadley, P., Nepstad, D., Overpeck, J.T. & Taboada, M.A.2014. Terrestrial and inland water systems. *In* C.B. Field, V.R. Barros, D.J. Dokken, K.J. Mach, M.D. Mastrandrea, T.E. Bilir, M. Chatterjee, K.L. Ebi, Y.O. Estrada, R.C. Genova, B. Girma, E.S. Kissel, A.N. Levy, S. MacCracken, P.R. Mastrandrea & L.L. White, eds. *Climate change 2014: impacts, adaptation, and vulnerability. Part A: global and sectoral aspects*, pp. 271 359. Contribution of Working Group II to the Fifth Assessment Report of the Intergovernmental Panel on Climate Change. Cambridge, UK, and New York, USA, Cambridge University Press.

Skees, J., Hazell, P. & Miranda, M. 1999. *New approaches to crop yield insurance in developing countries*. Environmental and Production Technology Division (EPTD) Discussion Paper No. 55. Washington, DC, International Food Policy Research Institute (IFPRI). 40 p.

Skoufias, E. & Quisumbing, A.R. 2005. Consumption insurance and vulnerability to poverty: a synthesis of the evidence from Bangladesh, Ethiopia, Mali, Mexico and Russia. *European Journal of Development Research*, 17: 24-58.

Stramma, L., Schmidtko, S., Levin, L.A. & Johnson, G.C. 2010. Ocean oxygen minima expansions and their biological impacts. Deep-Sea Research Part I. *Oceanographic Research Papers*, 57(4): 587-595.

Stramma, L., Prince, E.D., Schmidtko, S., Luo, J., Hoolihan, J.P., Visbeck, M., Wallace, D.W.R., Brandt, P. & Körtzinger, A. 2012. Expansion of oxygen minimum zones may reduce available habitat for tropical pelagic fishes. *Nature Climate Change*, 2(1): 33-37.

Streftaris, N., Zenetos, A. & Papathanassiou, E. 2005. Globalisation in marine ecosystems: the story of non-indigenous marine species across European seas. *Oceanography and Marine Biology —— an Annual Review*, 43: 419-453.

Svobodová, E., Trnka, M., Dubrovský, M., Semerádová, D., Eitzinger, J., Stĕpánek, P. & Zalud, Z. 2014. Determination of areas with the most significant shift in persistence of pests in Europe under climate change. *Pest Manag. Sci.*, 70(5): 708–715. doi: 10.1002/ps.3622.

Talon, M. & Gmitter, F.G. Jr. 2008. Citrus genomics. *International Journal of Plant Genomics*, Article ID 528361, 17 p. doi:10.1155/2008/528361 (available at http://www.hindawi.com/journals/ ijpg/2008/528361/cta/).

Talon, M. n.d. *Presentation Plant breeding to tackle the challenges of climate change* (available at http://ec.europa.eu/dgs/health_food-safety/ information_sources/docs/events/20150714_climate-change_expo_milan_pres_08. pdf).

Tangerman, S. 2011. *Policy solutions to agricultural market volatility: a synthesis*. Issue Paper No. 33.Geneva, Switzerland, International Center for Trade and Sustainable Development (ICTSD).

Tester, P.A., Feldman, R.L., Nau, A.W., Kibler, S.R. & Litaker, R.W. 2010. Ciguatera fish poisoning and sea surface temperatures in the Caribbean Sea and the West Indies. *Toxicon*, 56(5): 698-710.

The Times of India. 2015. *Intense heatwave in many parts of India*. 27 May (available at http://timesofindia.indiatimes.com/india/Intense-heatwave-in-many-parts-of-India-toll-1242/ articleshow/47445116.cms).

Thomas, T. & Rosegrant, M. 2015. Climate change impact on key crops in Africa: using crop models and general equilibrium models to bound the predictions. *In* A. Elbehri, ed. *Climate change and food systems: global assessments and implications for food security and trade*. Rome, FAO.

Thompson, I., Mackey, B., NcNulty, S. & Mosseler, A. 2009. *Forest* *resilience, biodiversity, and climate change. A synthesis of the biodiversity/ resilience/stability relationship in forest ecosystems*. Technical Series No. 43. Montreal, Canada, Secretariat of the Convention on Biological Diversity.

Thornton, P.K. & Herrero, M. 2014. Climate change adaptation in mixed crop livestock systems in developing countries. *Global Food Security*, 3(2): 99-107.

Thornton, P.K., Van de Steeg, J., Notenbaert, A. & Herrero, M. 2009. The impacts of climate change on livestock and livestock systems in developing countries: a review of what we know and what we need to know. *Agricultural Systems*, 101(3): 113-127.

Thornton, P., Ericksen, P.J., Herrero, M., Challinor, A.J. 2014. Climate variability and vulnerability to climate change: a review. *Global Change Biology*, 20(11): 3313-3328.

Thornton, P.K., Boone, R.B. & Ramirez-Villegas, J. 2015. *Climate change impacts on livestock*. CCAFS Working Paper No. 120. Copenhagen, CGIAR Research Program on Climate Change, Agriculture and Food Security (CCAFS) (available at: www.ccafs.cgiar.org).

Tirado, M.C., Clarke, R., Jaykus, L.A., McQuatters-Gallop, A. & Frank, J.M. 2010. Climate change and food safety: a review. *Food Research International*, 43(7): 1745-1765.

Tirvayi, N., Knowles, M. & Davis, B. 2013. *The interaction between social protection and agriculture. A review of evidence*. Rome, FAO.

Uleberg, E., Hanssen-Bauer, I., van Oort, B. & Dalmannsdottir, S. 2014. Impact of climate change on agriculture in Northern Norway and potential strategies for adaptation. *Climatic Change*, 122: 27-39.

UN. 2015. *The Millennium Development Goals Report 2015* (available at http://www.undp.org/ content/dam/undp/library/MDG/english/UNDP_MDG_Report_2015.pdf).

UNFCCC. 2010. *Handbook on vulnerability and adaptation assessment*. Consultative group of experts on national communications from parties not included in Annex I to the Convention.

UNFCCC. 2015. *Synthesis report on the aggregate effect of the intended nationally determined contributions*. Note by the Secretariat, 30 October 2015. FCCC/CP/2015/7.

UNISDR/OECD. 2013. *Disaster risk reduction —— donor effort.* A survey of development co-operation providers (available at http://www.preventionweb.net/ file s/34577_34577donoreffortondisasterriskreduc.pdf).

USC Canada. 2008. *Growing resilience: seeds, knowledge and diversity in Honduras*. Canadian Food Security (avaliable at http://www.ccic.ca/_files/en/ working_groups/003_food_2009-03_case_study_ honduras.pdf).

Uyttendaele, M. & Hofstra, N., eds. 2015. Impacts of climate change on food safety. *Food Research International*. 68: 1-108 (available at http://www. sciencedirect.com/science/journal/09639969/68).

Valenzuela, E. & Anderson, K. 2011. *Climate change & food security to 2050: a global economy-wide perspective*, contributed paper for the 55th Annual Conference of the Australian Agricultural and Resource Economics Society.

Vargas Hill, R. 2009. Using stated preferences and beliefs to identify the impact of risk on poor households. *The Journal of Development Studies*, 45(2): 151-171.

Von Lampe, M., Willenbockel, D., Ahammad, H., Blanc, E., Cai, Y., Calvin, K., Fujimori, S., Hasegawa, T., Havlík, P., Heyhoe, E., Kyle, P., Lotze-Campen, H., d' Croz, D., Nelson, G., Sands, R., Schmitz, C., Tabeau, A., Valin, H., van der Mensbrugghe, D. & van Meijl, H. 2014. Why do global long-term scenarios for agriculture differ? An overview of the AgMIP Global Economic Model Intercomparison. *Agricultural Economics*, 45(1): 3-20.

Wajih, S.A. 2008. Adaptive agriculture in flood affected areas. *LEISA Magazine*, 24(4): 24-25.

WCRP. 2014. *CMIP Phase 6 (CMIP6)* (avaliable at http://www.wcrp-climate. org/wgcm-cmip/wgcm-cmip6).

Wheeler, T. & von Braun, J. 2013. Climate change impacts on global food security. *Science*, 341(6145): 508-513.

WHO. 2014. *Quantitative risk assessment of the effects of climate change on selected causes of death, 2030s and 2050s*. S. Hales, S. Kovats, S. Lloyd & D. Campbell-Lendrum, eds. Geneva, Switzerland.

Wilkes, A. 2011 *An economic analysis of the Qinghai Grasslands Restoration and Herd Improvement Pilot Project*. Consultant report to FAO.

Williams, A.P., Allen, C.D., Macalady, A.K., Griffin, D., Woodhouse, C.A., Meko, D.M., Swetnam, T.W., Rauscher, S.A., Seager, R., Grissino-Mayer, H.D., Dean, J.S., Cook, E.R., Gangodagamage, C., Cai, M. & McDowell, N.G. 2013.

Temperature as a potent driver of regional forest drought stress and tree mortality. *Nature Climate Change*, 3: 292-297.

Wilson, J., Deinum, B. & Engels, F. 1991. Temperature effects on anatomy and digestibility of leaf and stem of tropical and temperate forage species. *Netherlands Journal of Agricultural Science*, 39: 31-48.

Winarto, Y.T., Anantasari, E., Hidayah, S.N. & Stigler, K. 2008. *Climate Field Schools in Indonesia: Improving response farming to climate change. Agricultures*, Leisa magazine, 24.4, December 2008.

Winsemius, H.C., Dutra, E., Engelbrecht, F.A., Archer Van Garderen, E., Wetterhall, F., Pappenberger, F. & Werner, M.G.F. 2014. The potential value of seasonal forecasts in a changing climate in southern Africa, Hydrol. *Earth Syst. Sci.*, 18: 1525-1538.

World Bank. 2002. *Sustaining forests. A World Bank strategy* (available at http://siteresources. worldbank.org/INTFORESTS/214573-1113990657527/20632625/Forest_Strategy_Booklet.pdf).

World Bank. 2008. *World Development Report 2008, Agriculture for Development*, Washington, DC.

World Bank. 2009. *Guidance notes mainstreaming adaptation to climate change in agriculture and natural resources management projects.* Note 7: evaluate adaptation via economic analysis (available at http://climatechange. worldbank.org/content/note-7-evaluate-adaptation-economic-analysis).

World Bank. 2013. *Risk and opportunity, managing risk for development.* World Development Report (available at http://siteresources.worldbank. org/EXTNWDR2013/ Resources/8258024-1352909193861/8936935-1356011448215/8986901-1380046989056/WDR-2014_Complete_Report.pdf).

World Bank/FAO/IFAD. 2012. *Gender, agriculture and climate change.* Module 17 of the Gender in Agriculture Sourcebook. Washington, DC, World Bank.

World Bank/FAO/IFAD. 2015. *Gender in climate-smart agriculture.* Module 18 of the Gender in Agriculture Sourcebook. Washington, DC, World Bank.

World Bank/FAO/WorldFish Center. 2010. *The hidden harvests: the global contribution of capture fisheries.* Agriculture and Rural Development Department Sustainable Development Network. Washington, DC, World Bank.

World Food Summit. 1996. *Rome Declaration on World Food Security.* Rome, FAO.

Yohe, G.W., Lasco, R.D., Ahmad, Q.K., Arnell, N.W., Cohen, S.J., Hope, C., Janetos, A.C., Perez,R.T., Brenkert, A., Burkett, V., Ebi, K.L., Malone, E.L., Menne, B., Nyong, A., Toth, F.L. & Palmer, G.M. 2007. Perspectives on climate change and sustainability. *In* M.L. Parry, O.F. Canziani, J.P. Palutikof, P.J. van der Linden & C.E. Hanson, eds. *Climate change 2007: impacts, adaptation and vulnerability*, 811-841, Contribution of Working Group II to the Fourth Assessment Report of the Intergovernmental Panel on Climate Change. Cambridge and New York, Cambridge University Press.

Ziska, L.H., Bunce, J.A., Shimono, H., Gealy, D.R., Baker, J.T., Newton, P.C.D., Reynolds, M.P., Jagadish, K.S.V., Zhu, C., Howden, M. & Wilson, L.T. 2012. Food security and climate change: on the potential to adapt global crop production by active selection to rising atmospheric carbon dioxide. *Proceedings of the Royal Society B*, 279: 4097-4105.

Zumbach, B., Misztal, I., Tsuruta, S., Sanchez, J.P., Azain, M., Herring, W., Holl, J., Long, T. & Culbertson, M. 2008. Genetic components of heat stress in finishing pigs: development of a heat load function. *Journal of Animal Science*, 86(9): 2082-2088.

图书在版编目（CIP）数据

气候变化和粮食安全：风险与应对/联合国粮食及农业组织编著；李婷，刘武兵，郑君译. —北京：中国农业出版社，2019.11
（FAO中文出版计划项目丛书）
ISBN 978-7-109-25665-1

Ⅰ.①气…　Ⅱ.①联…②李…③刘…④郑…　Ⅲ.①气候变化-影响-粮食安全　Ⅳ.①F307.11②P467

中国版本图书馆CIP数据核字（2019）第131150号

著作权合同登记号：图字01-2018-4706号

中国农业出版社出版
地址：北京市朝阳区麦子店街18号楼
邮编：100125
责任编辑：郑　君
版式设计：王　晨　　责任校对：刘飔雨
印刷：中农印务有限公司
版次：2019年11月第1版
印次：2019年11月北京第1次印刷
发行：新华书店北京发行所
开本：700mm×1000mm　1/16
印张：8.75
字数：204千字
定价：69.00元